Dietmar Mieth

Die Kunst, zärtlich zu sein

Dietmar Mieth

Die Kunst, zärtlich zu sein

Wege zur Sensibilität

Herder Freiburg · Basel · Wien

Umschlagbild: S. Köder

Sechste Auflage

Alle Rechte vorbehalten – Printed in Germany
© Verlag Herder Freiburg im Breisgau 1982
Herstellung: Freiburger Graphische Betriebe 1989
ISBN 3-451-19702-2

Inhalt

Vorwort 7

1. Von der Sexualität zur Zärtlichkeit 9
2. Kontexte der Suche nach Zärtlichkeit 14
3. Was ist zärtlich sein? 21
4. Lernen, Leib zu sein 25
5. Bleibende Hindernisse 36
6. Orte der Zärtlichkeit oder
   Erfahrung der Sensibilität 39
7. Christliche Wahrnehmung der Zärtlichkeit . . . 57
8. Zärtliche Mystik 64
9. Zärtlichkeit und „Politik" 79
10. Zärtlich sein – wie macht man das? 87

Literatur 95

Vorwort

„Zärtlich sein" ist für die menschlichen Beziehungen so etwas wie ein gesellschaftliches Leitbild geworden. Dabei spielen mancherlei soziale Strömungen mit, die schwer auf einen Nenner zu bringen sind. Manche sind modisch und werden von den Medien in Klischees verpackt: Zärtlichkeit auf Glanzpapier und als Werbespot. Manche sind langlebige und immer wiederkehrende Akzente literarischer Kultur: Zärtlichkeit als Gegenbild zur Versachlichung der Beziehungen in der modernen Lebenswelt. Manche sind therapeutische Leitbilder für die „Glücksschmiede" geschlechtlicher Beziehung. Manche gehören zum Selbstverständnis einer Jugend, die Nähe und Wärme in gleichgestimmter Bewegung sucht.

Absicht dieses Büchleins ist es, die Oberfläche zu durchdringen, Unterscheidungen und Orientierungen zu suchen. Dabei ist die Frage nach dem Können, nach der „Kunst, zärtlich zu sein", wichtiger als die Frage nach dem Sollen. Es geht also um Möglichkeiten und Fähigkeiten, die sich am „Gefühl für die Gestalt des anderen" (P. Handke) orientieren. Darüber hinaus wird „Zärtlich sein" auch als Impuls theologischer Rede untersucht: als ein Weg zu dem Gott, der Freude an der Liebe hat.

Es ist mir wichtig, daß „Zärtlich sein" nicht mit Distanzlosigkeit des Umgangs oder mit Verweigerung rationaler Verantwortung verwechselt wird. Diese Schrift ist daher keineswegs ein unkritisches „Lob der Zärtlichkeit". Sie zählt auf einen Leser, der mitdenken will.

Meine Frau und meine Kinder haben diesen Gedanken das Leben und die Fantasie gegeben. Ich danke meiner Frau für ihre Mitarbeit, besonders am Kapitel „Lernen, Leib zu sein". Es ist auch ihr Buch. Das Kapitel 4 erschien zuerst in: „Welt des Kindes" 60, 1982, S. 42–50.

Neustetten/Tübingen im Juli 1982 *Dietmar Mieth*

1. Von der Sexualität zur Zärtlichkeit

Überdruß an einer scheinfreien Sexualität

Der Psychologe Jörg Bopp hat bei seiner Analyse jugendlicher Sexualmoral die These aufgestellt: „Die Liebe schafft mehr Ängste und Schwierigkeiten als die Sexualität." Zwar sieht es heute noch weithin so aus, auch bei Jugendlichen, „als ob für viele die Sexualität die einzige Erfahrungsmöglichkeit wäre, die einzige Weltberührungsmöglichkeit" (Peter Handke, Das Gewicht der Welt). Aber es gibt schon eine gegenläufige Grenzerfahrung, die Peter Handke im gleichen Zusammenhang mit dem kurzen Wort zur Sprache bringt: „Sexualität als letztmögliche Feindseligkeit".

Um dies zu illustrieren, möchte ich den Text eines anderen Schriftstellers, Martin Walser, aus der Novelle „Ein fliehendes Pferd" zitieren. Es handelt sich um die Gedanken, die ein Studienrat im Bett hat, neben seiner Ehefrau liegend:

„Zum Glück hatte sie keinen Versuch gemacht, ihn zu berühren. Er hoffte, sie liege so neben ihm wie er neben ihr. Das wäre eine Lebensleistung. Von beiden vollbracht. ... Er fühlte sich schon seit Monaten nicht mehr aufgelegt, seiner Geschlechtlichkeit zu entsprechen. Daß sie einander öffentlich vorschrieben, wie oft sie auf ihre Frauen kriechen müssen, um nicht als impotent zu gelten, erregte bei ihm Widerwillen und Ekel. Sobald er das Bedürfnis spürte, sich geschlechtlich zu betätigen, brauchte er nur an die furcht-

bare Propaganda in den Druckwaren zu denken, dann
wurde er ruhig ... Nichts kam ihm dann so unerträglich ko-
misch vor wie alle vom Geschlechtlichen bestimmten oder
auf es gerichteten Handlungen. Und er hatte das Gefühl,
das könnte mit der Art der öffentlichen Empfohlenheit dieser Handlungen zu tun haben ... Das öffentliche Gebot der
Luststeigerung gab er in der Schule lauthals weiter. Galt er
nicht als fortschrittlich? ... Er galt als sehr fortschrittlich.
Vor sich selbst berief er sich auf das Recht der Meinungs-
freiheit. Er mußte ja wohl nicht den Schein, den er in der
Schule produzierte, in seinem häuslichen und innersten Leben praktizieren ... Er glaubte berechtigt zu sein, in der
Schule die Ächtung der Unlust zu betreiben, wie es die Gesellschaft wollte, zu Hause aber die Ächtung der Lust zu
versuchen, wie er es selbst wollte ... Er merkte doch, wie
schwierig es war, sich nur für Augenblicke und nur um eine
Winzigkeit und nur versuchsweise aus dem Herrschaftsbe-
reich des Scheins zu entfernen. Sofort fühlst du dich am
Pranger. Also rasch zurück an die Lustfront, Freizeitfront,
Scheinproduktionsfront ..."

Soweit also eine literarische Illustration: der Überdruß an
einer scheinfreien Sexualität als Grenzerfahrung; das Ende
der Sexualisierung als einzige „Weltberührungsmöglichkeit". Sexualität ist nicht mehr das Hauptkommunikations-
mittel, als das sie einmal propagiert wurde.

Zärtlichkeit – Schlüsselwort für eine neue Erfahrung

Das Schlüsselwort, das diese Grenzerfahrung seit langem
zum Tragen bringt, lautet „Zärtlichkeit". Zärtlichkeit
„macht" Sinn zwischen den Menschen und in ihrer Bezie-

Ein Schlüsselwort für eine neue Erfahrung

hung. Aber es ist nicht so, als wäre dieser Sinn einfach vorhanden und greifbar, für jedermann zugänglich, sondern dieser Sinn wird gesucht, er wird als Mangelware erfahren. Das entspricht dem alten Erfahrungsgrundsatz, daß Sinn im Entschwinden offenbar und bewußt wird. Sinn wird nicht dann bewußt, wenn das, was wir als sinnvoll empfinden, da ist und verfügbar ist. Es verhält sich doch vielmehr so: Gerade wenn es uns entzogen ist und unverfügbar scheint, dann erfahren wir dies als Sinn. Das gilt für jede Erfahrung, auch für die religiöse Erfahrung.

Sexualität gehört leider oft in die „Kältezone der Kultur", in das, was die „autonome" Jugendbewegung in Zürich die „Arktis" oder das „Packeis" genannt hat. Ihre Technisierung und Kommerzialisierung, ihre Einbettung in den Konsumismus hat sie zur „Winterreise" (G. Roth) gemacht. Es ist ein Paradox der heutigen Zeit: die größte Sexualfeindschaft wohnt heute unter dem Deckmantel sexueller Libertinität. Der öffentliche Sexualregen erwärmt und begütigt niemanden mehr. Aber gerade um diese Erwärmung und Begütigung zwischen den Menschen geht es beim Thema Zärtlichkeit. Diese Beobachtungen heißen nicht, daß es einen Weg zurück gebe aus der Bejahung der Sexualität des Menschen, die ja auch in kirchlichen Erklärungen stets zum einleitenden Motiv gehört. Sexualität ist wichtig. Um noch einmal Peter Handke zu zitieren: „Ein Mann sagt zur Frau: ‚Ist denn Sexualität für dich so wichtig?' Und die Frau antwortet: ‚Worte allein begütigen mich nicht genug'." Dies ist eine Sexualität in einem besonderen Sinne, eine Sexualität eben im Sinne der Begütigung, und darin liegt ein Zugang zu dem, was Zärtlichkeit meint.

Von der Sexualität zur Zärtlichkeit

Zärtlich sein ohne Orientierung?

Ist das, was Zärtlichkeit als Haltung und Wert für das gegenseitige Miteinanderumgehen bedeutet, nun Ausdruck einer neuen „Tugend" – um den alten Ausdruck für eine Werthaltung zu gebrauchen? Und steht sie nicht – als Ausdruck und Erfahrung lebensnaher, unausweichlicher Betroffenheit – gerade darin einer „alten" Moral gegenüber, die scheinbar nur auf Ordnungen, auf Institutionen beruht? Stimmt das Dilemma: da sozial auferlegte, hier personal angeeignete Sittlichkeit? Stellt sich nicht für die jungen Menschen, die den Wert der Zärtlichkeit heute so betonen, in unserer orientierungsoffenen Gesellschaft, in der alle Moralen dem Markt der Meinungen zur Disposition stehen, letztlich doch das Problem der Orientierung?

Wir stehen vor dem Problem, daß in der Tat diese Orientierung zwischen zwei Stühle zu fallen scheint: zwischen die autoritäre Fixierung einerseits und eine Liberalisierung im Sinne der Permissivität andererseits („Erlaubt ist, was gefällt").

Beide scheinen nicht die Stühle zu sein, auf die man sich setzen kann. Der Generationskonflikt in den 60er Jahren war ebenso destruktiv wie der Mangel an Konflikten zwischen den Generationen der 70er Jahre. Die bloße autoritäre Wiederholung von Normen scheint ebenso ineffizient wie etwa das gegenläufige liberale Modell der uneingeschränkten Selbstfindung und Selbstverfügung, in der „jeder seines Glückes Schmied" ist, wie es seit der Aufklärung heißt. Auch hierzu ein literarisches Zitat, aus dem Bestseller von Erica Jong: „Die Angst vorm Fliegen". Die Heldin bekennt nach dem Ende eines Liebesverhältnisses: „Nun war ich endgültig frei. Es war das schrecklichste Gefühl meines Lebens."

Grenzerfahrung mit der Freiheit der Selbstverfügung

Freiheit ist nicht nur Anspruch, sondern auch Geschenk

Diese Grenzerfahrung mit der Freiheit der Selbstverfügung ist eine Folge der Voraussetzung, die lautet: „Freiheit kann dir keiner geben". Auch dies ist ein Zitat. Ich habe es in modernen Problemfilmen zum Thema Zärtlichkeit und Sexualität gefunden (vgl. Jacques Doillon, La femme qui pleure, Frankreich 1978). Diese Art von Liberalität, diese Art von Freiheit, die einem keiner geben kann, bedeutet doch wohl dies: daß wir nicht einmal die Freiheit als Gnade haben wollen. Aber die Gesellschaft derer, die nicht einmal Frei*gelassene* sein wollen, ist eine Gesellschaft von Gnadenlosen, die Freiheit nur als Anspruch und nicht auch als Geschenk gelten läßt. Gerade das verhindert Beziehungen, das verhindert gerade Zärtlichkeit. Peter Handke bringt es in einem Aphorismus zum Ausdruck: „Meine Unfähigkeit, mir helfen und mir etwas schenken zu lassen, auch eine Art von Herzenskälte, von Gleichgültigkeit."

2. Kontexte der Suche nach Zärtlichkeit

Das Erbe der Neuzeit

Zunächst einmal müssen wir davon ausgehen, daß vieles, was heute die Jugend „bewegt" (man spricht ja auch wieder von „Jugendbewegung", und manche Züge scheinen der Jugendbewegung im Eingang dieses Jahrhunderts zu gleichen, etwa der Zug zur Autonomie in der Natur), einfach Züge sind, die man als „Erbe" der Neuzeit bezeichnen könnte, die also mit der Ideenwelt, die durch die Neuzeit geschaffen worden ist, in Zusammenhang stehen.

Die Last sich selbst zu finden

Eine dieser Ideen habe ich bereits genannt, indem ich einen Spruch der Aufklärung zitierte: „Jeder ist seines Glückes Schmied". Dieses Erbe der Aufklärung ist die „Last" der Selbstverwirklichung, die wir tragen; d. h. unsere Verpflichtung darauf, uns selbst zu verwirklichen, uns selbst zu finden. „Freiheit kann dir keiner geben, Freiheit mußt du selbst finden", hieß es in dem erwähnten Film zur Beziehungsproblematik. „Freiheit kann dir keiner geben", oder, wie es in der amerikanischen Verfassung heißt: „pursuit of happiness" („jeder muß dem eigenen Rate zum Glück folgen"). Das ist natürlich ein Problem für Menschen, die erst in der Beziehung zu sich selbst finden. Und sind wir nicht letztlich alle solche Menschen?

Bestandteile des Erbes der Neuzeit

Folgen der erotischen Kultur der Romantik

Zu diesem Erbe der Neuzeit gehört das Erbe der Romantik. Wir sind uns oft dessen nicht bewußt, daß unsere Liebesauffassung ein Diktat der erotischen Kultur der Romantik ist. Diese erotische Kultur der Romantik geht davon aus, daß das eigene Ich eine grenzenlose Verwirklichung sucht, und zwar durch Hinzuziehung des anderen, indem es sich im anderen endlos verlängert. Und so erscheint unter dem Diktat dieser erotischen Kultur der Romantik die Sexualität des Menschen sublimiert, verfeinert im Sinne der Anreicherung des eigenen Ich durch den anderen. Diese erotische Selbstbereicherung haben wir alle so verinnerlicht, daß wir vom „Glück" im Namen der Liebe reden und darunter verstehen, daß wir *selbst* in der Beziehung mit dem anderen glücklich leben, d. h. daß die Beziehung mit dem anderen uns selbst vor allen Dingen das Glück bringt.

Menschliche Beziehungen sind atomisiert worden

Ein *weiterer* Bestandteil des Erbes der Neuzeit ist alles, was mit der Industrialisierung, mit der Ökonomie und mit unserer Leistungskultur zusammenhängt. Sie hat dazu geführt, daß die menschlichen Beziehungen atomisiert worden sind. Ein Beispiel dafür ist, daß die Familie als Lebensraum immer mehr eingeengt worden ist. Ich verstehe das durchaus nicht als nostalgische Wehklage. Ich stelle zunächst nur fest: Die Familie ist als Lebensraum eingeengt worden. Sichtbar wird es darin, daß die Familie heute so früh wie nie zuvor ihre Kinder an den Staat, sprich an den öffentlichen Kindergarten, verliert und von da an mit anderen Kräften zu teilen hat. Die Atomisierung der menschlichen Beziehungen wird deutlich etwa in der Einengung der Kleinfamilie gegenüber der Großfamilie; sie wird sichtbar in der dadurch bedingten „Isolation und Überforderung der Kleinfamilie", wie es die Würzburger Synode genannt hat. Durch die Ausdifferenzierung der verschiedenen Lebensbereiche, die oft gar nichts miteinander zu tun zu haben scheinen wie Familie, Schule, Kirche, Verkehr, verkümmern wir in unseren Beziehungswelten.

Humanwissenschaften als neue Agenten der Wissenschaftsgläubigkeit

Wir müssen heute mit dem Erbe der humanwissenschaftlichen Revolution leben. Mit den Humanwissenschaften meine ich hier vor allen Dingen die Psychologie und die Soziologie. Robert Musil hat, in den 20er Jahren, ironisch dies geschrieben: „Die beiden neuen Wissenschaftszweige Soziologie und Psychologie, die jetzt erst 30 Jahre alt sind, haben es in diesen 30 Jahren fertig gebracht, sich zu jedem Lebensproblem zu äußern, zu dem sich die katholische Kirche im Laufe von 2000 Jahren geäußert hat." Diese ironische Bemerkung soll nichts gegen Psychologie und Soziologie sagen, sondern soll gegen eine Art von Rezeption und Autorität dieser Wissenschaftszweige sagen, die sich mittels der Medien als Agenturen der aktuellen Wissenschaftsgläubigkeit ausbreiten können.

Das Gesetz des Machens

Zu unserem Erbe gehört schließlich auch die Emanzipation, die emanzipatorische Gesellschaftskritik. Diese Gesellschaftskritik findet Glück und Sinn im politischen Machen der Gesellschaft. Die politische Reform tritt an die Stelle der technischen Leistung, aber sie unterliegt genauso dem Gesetz des Machens wie diese Technik selbst. Diese Art von Emanzipation wird besonders deutlich in einer Sprachformel, die sich seit etwa drei Jahren in unserer Gesellschaft eingebürgert hat und die vorher nicht üblich war. Diese Sprachformel lautet „Sinn machen". Man findet sie häufig in Politikerreden oder in anderen öffentlichen Kundgebungen. Diese Sprachformel ist eine Übersetzung des englischen „to make sense", keine urtümliche Prägung der deutschen Sprache also. Sie entlarvt uns dahingehend, daß sie vom Sinn *machen* redet, aber nicht vom Sinn *lassen*. Das Geschehenlassen gehört offensichtlich nicht zu unserer Art des Weltverhältnisses, wohl aber das Machen.

Die moralischen Vorurteile der Gesellschaft

Aus dem in Schlaglichtern skizzierten „Erbe" der Neuzeit entstehen die moralischen Vorurteile einer nur scheinbar pluralistischen Gesellschaft. Diese moralischen Vorurteile kann man vor allen Dingen an der Unterhaltungsbranche der Medien ablesen. Wenn die Schweizer Bischöfe einmal gesagt haben, „höchstens die Massenmedien seien noch im Stande zu bestimmen, was man tut", dann haben sie das – so hilflos die Formulierung auch wirkt – sehr gut erkannt. Vielfach tun wir so, als sei Moral eine Sache der Kirchen oder eine Sache von einigen Ethikern und Literaten. In Wirklichkeit ist aber Moral durchaus auch eine Sache der Gesellschaft, nur daß uns die Formeln, in denen die Moral der Gesellschaft vor uns tritt, oft nicht bewußt und bekannt sind. Ich will wenigstens *vier* solcher Formeln in Erinnerung rufen.

Kontexte der Suche nach Zärtlichkeit

1. Intensität von Beziehung entsteht durch Ausklammerung von Umwelt:
Es ist ein Erbe der romantischen Auffassung von Liebe und Zärtlichkeit, daß eine Beziehung umso intensiver sei, je mehr Umwelten dabei ausgeklammert würden. Betrachtet man in dieser Hinsicht die Unterhaltungsbranche vom Schlager bis zum Fernsehfilm, so stellt man fest, daß dort, wo die Intensität einer Beziehung dargestellt wird, die Umwelt möglichst ausgeblendet wird. Wenn beispielsweise von einer Paarbeziehung die Rede ist, erfährt man kaum etwas über die berufliche Wirklichkeit oder die kindliche Umwelt.

2. Glück ist, wo es klappt und stimmt:
„Glücken" erscheint vor allen Dingen im Modus des Funktionierens, der Stimmigkeit als eines funktionierenden Apparates. Überall dort, wo Probleme auftauchen, kann nach dieser Vorstellung nicht von Glück die Rede sein. Auch dies läßt sich an der Unterhaltungsbranche sehr gut ablesen.

3. Gut ist, was der Selbstverwirklichung der an einer Beziehung Beteiligten dient:
Jeder fragt: „Was bringt es mir?" Auch Liebe wird so eine Veranstaltung zur Förderung der Selbstfindung der Beteiligten. Eine Beziehung ist soviel wert, wie sie für jeden Beteiligten „bringt".

4. Konflikte dürfen nicht ertragen, sondern müssen gelöst werden:
Damit wird ein Zeichen der Freiheit, daß man nämlich heute Regeln und Methoden weiß, wie man Konflikte in den Beziehungen zwischen Menschen unter Umständen lö-

sen kann, zu einem Zeichen äußerster Unfreiheit: Bei jedem Konflikt bin ich dazu gezwungen, ihn möglichst sofort und möglichst intensiv zu „lösen", ihn „herauszulassen", durch ihn hindurch und keinesfalls um ihn herum zu gehen. Diese Einstellung hat zwar mit Recht die alten herumwuchernden Methoden der Konfliktverdrängung abgelöst. Aber zugleich hat sie eine Mentalität erzeugt, die keinen Konflikt mehr gelassen aushalten will. Das große Wort an der Grenze des Konfliktes lautet: „Unzumutbarkeit".

Gregor von Rezzori berichtet vom Reichen, der sich der Rührung durch die Bitte des Armen entzieht: „Werft ihn hinaus, er bricht mir das Herz". Ähnlich erscheint oft die Reaktion angesichts eines nicht sozialtechnisch „beherrschbaren" Konflikts: Die Lage erscheint als unzumutbar. Wir scheinen vom Versprechen zu leben, das Leben müsse „zumutbar" sein, damit es ein Leben sei. Aus solchen Überlegungen resultiert z. B. der logische Kurzschluß, nur das Leben eines erwünschten Kindes sei ein menschenwürdiges Leben usw.

Zärtlichkeit als bewußte oder unbewußte Reaktion

Auf dieses Erbe der Neuzeit und auf die moralischen Vorurteile der Gesellschaft gibt es gerade unter den Jugendlichen bewußte oder unbewußte Reaktionen. Ich meine, daß gerade das Wort Zärtlichkeit eine solche Reaktion darauf ist. In der durch die Industriekultur vermittelten „Kälte" der Leistung geschieht eine Suche nach Nähe und Unmittelbarkeit im persönlichen Umgang. Jörg Bopp hat es so ausgedrückt: „Es besteht eine hohe Bereitschaft und Fähigkeit unter den Jugendlichen zu ungepanzerter Begegnung und zu offenem Austausch." Die Atomisierung der Beziehungen und die Ausdifferenzierung der Lebensbereiche wird überholt durch eine neue Weise des ungepanzerten Umgangs miteinander: die Zärtlichkeit.

Die durch die moralischen Vorurteile, die den einzelnen auf sich selbst zurückwerfen, entstandene „Last" der Selbstverwirklichung erzeugt eine Angst, die in der Beziehung mit dem anderen zu überwinden versucht wird. Und so geht es im Thema der Zärtlichkeit um die Überwindung einer Angst, die ein Kulturerzeugnis ist. Wenn der Schriftsteller Peter Handke sagt: „Ich habe die Sehnsucht, die Angst für alle Zeiten von jemandem wegzustreicheln", dann wird darin von der Hoffnung auf Zärtlichkeit als Überwindung dieser Angst etwas deutlich.

Viele Jugendliche erfahren heute den Scheideweg zwischen einem liberalen Hedonismus („Erlaubt ist, was gefällt!") auf der einen und der Zärtlichkeit auf der anderen Seite: einen Hedonismus, der letztlich zur Autistik, d.h. zum Selbstbezug zurückführt (und damit, sexuell gesprochen, zu einer Neuauflage des Sexualerlebnisses in der Form der Masturbation), und der Zärtlichkeit, die zur lebendigen Teilnahme am anderen wird, zum „einzig wirklichen Lebendigkeitsgefühl" (Peter Handke).

3. Was ist zärtlich sein?

Was Zärtlichkeit ist, kann nicht mit einer abschließenden Sachdefinition beschrieben werden; denn Zärtlichkeit ist ein Instrument mit vielen Saiten. Ich möchte einige davon zum Klingen bringen und damit eine Verständigung über das Wort erreichen.

Zärtlichkeit durchdringt alle Lebensbereiche

Zärtlichkeit ist ein „Lebensstil", sagt Andrew Greeley, eine Verbindung von Lebensstil und Liebe. Und weil Zärtlichkeit ein Lebensstil ist, ist Zärtlichkeit nicht einfach eine Technik. „Ein grimmig ernster oder mitleidiger oder strafender Lebensstil, vollgestopft mit schlechter Laune und Bitterkeit, ist gewiß keine Voraussetzung für Zärtlichkeit." Daraus sehen wir: Zärtlichkeit ist hier so gemeint, daß sie die Lebensbereiche alle durchdringt und nicht bloß einen Teilort unserer Wirklichkeit.

Nicht ohne Sinnlichkeit

Nach Tom Lemaire ist Zärtlichkeit eine Art von Haut- und Leiberfahrung. Die Zärtlichkeit kann nicht ohne Sinnlichkeit gedacht werden, sie kann nicht ohne Leiblichkeit gedacht werden. Sie hat als Bedingung die Erfahrung der eigenen und der fremden Haut als „Fläche möglicher und wirklicher Liebkosung". Daraus ist die „Saite" der Zärtlichkeit zu lernen, in der es um eine Verbindung von Sinn und Sinnlichkeit geht. Der Sinn darf nicht von der Sinnlichkeit gespalten werden, die Sinnlichkeit nicht vom Sinn. Es geht um eine Verbindung von Sinn und Sinnlichkeit. Man kann es auch so ausdrücken: Es geht um eine Verbindung von Wahrheit und Wärme. Diese Verbindung von Wahrheit und Wärme weist auf eine weitere „Saite" des Instrumentes Zärtlichkeit hin.

Echtheit des Gefühls

Die Echtheit des Gefühls gehört als Bedürfnis zu den Reaktionen auf die Leistungskultur. Wenn beispielsweise Friedrich Dürrenmatt eine Figur in seinem Stück „Der Meteor" sagen läßt: „Gefühle kann man sich nicht leisten, die hat man zu machen", oder wenn Peter Handke eine Frau beobachtet und darüber bemerkt: „Sie hat keine Gefühle, aber sie ist voll von gesammelten Ideen von Gefühlen", dann wird deutlich, was mit Unechtheit des Gefühls und damit auch mit Unechtheit der Zärtlichkeit gemeint ist. Zur Zärtlichkeit gehört die „auf den Begriff gebrachte persönliche Glaubwürdigkeit".

Angstfreiheit erleben in einer Atmosphäre des Vertrauens auf Dauer

Eine andere Saite der Zärtlichkeit ist die „Angstfreiheit" einer Beziehung. Beziehungen stehen immer unter der Möglichkeit der Angst, der Möglichkeit, daß Wärme sich in plötzliche Kälte verwandelt. Auch hier sei eine Beobachtung von Peter Handke zitiert: „Als wir einander anschauten, und sie dann plötzlich wegschaute, erlebte ich einen Kälteschock." Die angstfreie Beziehung ist eine Beziehung, in der dieser Kälteschock nicht vorkommt, in der Vertrauen herrscht, in der die Menschen zueinander gehören.

Es gibt eine schöne Geschichte aus „Dem kleinen Prinzen" von St. Exupéry. Dort erfährt der kleine Prinz, der in seinem Garten eine einzelne Rose hat, daß es ganze Rosenfelder mit Tausenden von Rosen gibt, die eigentlich seiner eigenen Rose ihre Einzigartigkeit nehmen. Als er darüber in Trauer gerät, begegnet ihm der Fuchs und macht ihm deutlich, daß die Rose dadurch einzigartig wird, daß sie ihn gezähmt und ihn für sich eingenommen hat. Und der Fuchs bittet daher den kleinen Prinzen, ihn zu zähmen, sich mit ihm vertraut zu machen. Daraus entsteht die Atmosphäre des Einander-Brauchens, des Einander-Erkennens, des Einander-unverwechselbar-Einzigwerdens. Der Schlußsatz dieser Geschichte vom kleinen Prinzen und den Rosen lautet in der Weisung des Fuchses an den kleinen Prinzen: „Du bist zeitlebens für das verantwortlich, was du dir vertraut gemacht hast." Daraus ist zu sehen, daß die Überwindung der Angst in der Beziehung nur möglich ist in einer Atmosphäre des Vertrauens auf Dauer; daß Zärtlichkeit nur möglich ist, wo ich in dem anderen, der mir Zärtlichkeit gewährt, auch so etwas wie eine personale Heimat finde.

Eine sanfte Energie

Eine fünfte Saite der Zärtlichkeit würde ich „sanfte" oder, im Anschluß an das Zähmen des Fuchses, „gezähmte Energie" nennen. Diese „sanfte Energie", die in der Zärtlichkeit zum Ausdruck kommt, überwindet die Einheit von Prüderie und Leidenschaft, von Tabu und Dämonie in der menschlichen Beziehung, besonders in der Liebe. Prüderie und Leidenschaft erzeugen jene Spannung zwischen den Menschen, die es nicht zuläßt, daß diese Menschen einander zärtlich umfassen, sondern die das Scheitern zwischen diesen Menschen enthält.

4. Lernen, Leib zu sein

Kinder lernen mit dem Körper sprechen

Eltern und Erzieher werden oft beobachten, daß Kinder manchmal grob und manchmal zärtlich miteinander umgehen. Dabei werden sie leicht feststellen, daß, wenn man „grob" und „zärtlich" als entgegengesetzte Endpunkte einer Skala betrachten würde, das Verhalten sich zwar in der Mitte bewegt, das Pendel aber wohl kaum extrem und anhaltend in Richtung Zärtlichkeit ausschlägt. Ferner werden sie bemerken, daß kindliche Grobheit eher über eine deutliche Körpersprache verfügt als kindliche Zärtlichkeit. Obwohl beides, Grobheit wie Zärtlichkeit, mit der Leiblichkeit des Menschen zu tun hat, werden wir auch eher dazu neigen, Grobheit bei Kindern eher in der Tat und Zärtlichkeit eher in Wort und Blick, Grobheit eher ohne Distanz und Zärtlichkeit eher auf Distanz wahrzunehmen. Zärtlichkeit in der Form leiblichen Ausdrucks sehen wir eher im Verhältnis von Eltern und Kindern als im Verhältnis von Kindern untereinander. Und wenn wir ehrlich sind: wollen wir wirklich, daß Kinder miteinander leiblich-zärtlich umgehen, oder wollen wir nicht vielmehr eher, daß sie Grobheiten vermeiden, daß sie sich „sozial" verhalten, miteinander auskommen, miteinander spielen?

Was folgt daraus? Wir neigen dazu, grob und körperlich, zart und geistig miteinander zu identifizieren und daher das eine mit dem anderen zu besetzen. Eine körperliche Zärtlichkeit unter seinesgleichen ist dann eher eine „grobe"

Form von Zärtlichkeit. Je unauffälliger, desto besser. Die Frage ist, wie Kinder unter der Voraussetzung, „zart" oder „fein" sei möglichst *unkörperlich* zu verstehen, lernen sollen, ihre leiblichen Umgangsformen zu verfeinern, die Welt der Körpersprache mit positivem Ausdruck zu besetzen und das, was sie hoffentlich von ihren Eltern empfangen, unter ihresgleichen auch weiterzugeben?

Unterscheidung von Zärtlichkeit und Geschlechtlichkeit

Einer der Gründe dafür, weshalb uns „Zärtlichkeit unter seinesgleichen" nicht so selbstverständlich ist, mag sein, daß wir Zärtlichkeit zwischen verschiedenen Generationen positiv besetzen, in der gleichen Generation jedoch tabuisieren. Gewiß gibt es hier Ausnahmen, vor allem in Toleranz des Umgangs zwischen Mädchen. Dies mag damit zusammenhängen, daß wir Zärtlichkeit eher als eine weibliche Eigenschaft ansehen. Es hat also mit der Lehre von der Polarität der Geschlechter zu tun, die uns tief besetzt. Aber noch tiefer als dieses Phänomen sitzt die Sorge vor der „Zärtlichkeit unter seinesgleichen" als möglicher Ausdruck geschlechtlicher Anziehung und Ausdrucksform. Die Zärtlichkeit zwischen den Generationen leiten wir von der Mutter-Kind-Beziehung ab, die „Zärtlichkeit unter seinesgleichen" leiten wir von der geschlechtlichen Zärtlichkeit ab.

Zunächst kann man sich fragen, ob es richtig ist, zwischenmenschliche Zärtlichkeit als geschlechtliche Kommunikationsform zu betrachten. Gewiß existieren wir und unsere Kinder nie anders als Geschlechtswesen und deshalb verhalten wir uns auch nie in einem geschlechtslosen Raum. Andererseits wäre es jedoch töricht, das zwischen-

Erziehung zur Zärtlichkeit

menschliche Verhalten in seinem leiblichen Ausdruck stets von einer Vorherrschaft des Geschlechtlichen her zu verstehen. Die geschlechtliche Perspektive kann immer da sein, aber sie braucht deswegen keineswegs in bestimmten Bereichen vorherrschend zu sein. Man sollte die inzwischen anerkannte kindliche Sexualität nicht so überziehen, daß jede Körpersprache zur Sexualsprache wird. Erziehung zur Zärtlichkeit *vor* der Pubertät scheint uns daher auch nicht unmittelbar, sondern nur mittelbar Sexualerziehung zu sein. Wenn z. B. Vorschulkinder sich nicht aufgrund primärer Geschlechtsmerkmale als Jungen und Mädchen bestimmen, dann sollten wir ein solches Phänomen nicht im Hinblick auf verschiedene Ideen von Sexualerziehung negativ oder positiv bewerten.

Mittelbar können wir Erziehung zur Zärtlichkeit freilich durchaus auch auf Geschlechtserziehung beziehen. Wir befinden uns dann aber im Bereich der indirekten Vorbereitung. Daher meinen wir, die Frage des leiblichen Verhaltens der Kinder sich selbst und anderen gegenüber sei zunächst einmal nicht mit dem Problemkomplex „Sexualität" vorrangig zu besetzen. Es geht um eine allgemeinere Grundschule im leiblichen Ausdruck, und wir begreifen „Zärtlichkeit unter seinesgleichen" bei Kindern zunächst als Verlängerung ihrer Beziehung zu den Erwachsenen im eigenen Bereich. Kindliche Spiele, Puppenspiele und auch Doktorspiele, sind zunächst einmal ein Nachspielen der Fürsorge der Erwachsenen.

Unter dieser Voraussetzung könnte man Zärtlichkeit in der Erziehung *zunächst* einmal aus den Streitfragen der Sexualerziehung heraushalten, freilich, ohne sie damit für die Sexualerziehung für irrelevant zu erklären. Es handelt sich um eine Unterscheidung, nicht um eine Trennung von Zärtlichkeit und Geschlechtlichkeit.

Unter dieser Voraussetzung ist Zärtlichkeit zunächst einmal eine wünschenswerte Form des leiblichen Ausdrucks einer positiven Beziehung. Kinder können z. B. lernen, daß es schöner ist, sich zart anzurühren als sich grob anzurühren, allein aus Respekt voreinander oder um sich zu zeigen, daß das Verhalten von Sympathie getragen ist.

Sich schämen hat mit Rücksicht zu tun

Eine solche Betrachtungsweise hätte Folgen für andere Themen der Erziehung zur Leiblichkeit. Als Beispiel seien Nacktheit und Scham genannt. Aus der Völkerkunde wissen wir, daß Bekleidung und Scham keineswegs etwas miteinander zu tun haben müssen (wenn sie auch etwas miteinander zu tun haben können). In jedem Fall liegt die Frage „Nacktheit oder Bekleidung" auf einer anderen Ebene als die Frage „Scham und Schamlosigkeit". Wir wissen das noch, wenn wir auf unsere Sprache achten, die z. B. von einem „schamlosen Lügner" oder von „schamlosem Ausnutzen der Umstände" spricht. Offensichtlich ist dabei eine Art von Sozialverhalten gemeint, das keine Rücksicht nimmt, weder auf das eigene Image („Lügner") noch auf die Wehrlosigkeit eines Opfers („Ausnützen").

Scham hat also etwas mit allgemeiner menschlicher Rücksicht zu tun. Der Schamlose ist der Rücksichtslose. Schamhaft ist, wer Rücksicht nimmt, auf seine Selbstachtung ebenso wie auf die Situation des anderen. Das Wort von Thomas Mann: „Wer sich selbst nicht achtet, der ist bald verkommen", macht die eine Seite, die Achtung nach innen, deutlich. Im sozialen Verhalten gehört Scham zur Sensibilität für die Gestalt des anderen. Die Beziehung zu ihm soll nicht zerstörerisch in seine Person eingreifen; er

Prüderie und Schamhaftigkeit

hat das Recht auf eine Schutzzone, in der er selbst bestimmt, was er ist. Es ist daher völlig richtig, wenn wir bei Scham an den Schutz der „Intimsphäre" denken, aber es wäre falsch, wenn wir Intimität zuerst oder gar ausschließlich auf Leiblichkeit und Geschlechtlichkeit beziehen würden.

Die Frage nach der Schamhaftigkeit und die Frage nach der Nacktheit können sich daher zwar berühren, aber sie müssen es nicht. *Nacktheit des Kindes ist keine Frage der Scham*, sondern eine Frage des Vertrauens in die Schamhaftigkeit seiner Umgebung. Vertrauen erfährt es dann, wenn seine Nacktheit seine Selbstachtung nicht schmälert. Im Familienkreise sollte dies selbstverständlich sein. In bestimmten Bereichen der Öffentlichkeit könnte dies selbstverständlich sein. Das dreijährige Kind zieht im Schwimmbad nicht deshalb eine Badehose an, weil es nicht nackt sein will, sondern deshalb, weil andere Kinder eine Badehose tragen oder weil es Mißbilligung spürt. Die Art, wie Erwachsene sich kleiden, ist dabei nebensächlich, weil es ja gewohnt ist, bekleideten Erwachsenen in vertrauensvoller Nacktheit zu begegnen. Achtet man das Kind, dann ist Nacktheit für das Kind ein Ausdruck von Lebenslust und Freiheit.

Prüderie achtet das Kind nicht und kann daher Ausdruck der Schamlosigkeit sein, die rücksichtslos in das Eigenleben des Kindes eingreift. Prüderie lenkt zudem die Aufmerksamkeit des Kindes auf Bedeutungen von Nacktheit und Bekleidung, die ihm fremd sind. Andererseits kann es jedoch in der Kindererziehung nicht darum gehen, Gegensätze zwischen kindlicher Unbefangenheit und gesellschaftlicher Befangenheit zu übertreiben. Die Nacktheit des Kindes ist kein Instrument des Bekenntnisses elterlicher Unbefangenheit.

Lernen, Leib zu sein

Zwei Beispiele

In einer Schule, die unsere neunjährige Tochter besuchte, war das Nacktduschen der gemischten Unterklassen beim Turnen und Schwimmen üblich. Andererseits war es in derselben Gegend in den öffentlichen Bädern üblich, daß auch Kleinkinder nicht ohne Badehose herumlaufen. Hier entsteht ein Gegensatz zwischen schulischer Unbefangenheit und öffentlicher Prüderie. Dieser Gegensatz zwischen „Norm" und „Abweichung" lenkt die Aufmerksamkeit der Kinder in die falsche Richtung. Was natürlich sein könnte, wird anzüglich. Hier ist z. B. ein Ort, an dem Lehrer helfen können (aber sie sind ja in der Kabine!).

Ein anderes Beispiel: ein Dreijähriger, der gelegentlich in einen anderen Haushalt kommt, schnappt Elemente einer ausgesprochen prüden Erziehung auf (Augenschließen und Bedecken), die der Unbefangenheit in seiner Familie widersprechen. Würden die Eltern helfen, wenn sie ihm das verbieten? Wohl kaum. Denn das sonst unbefangene Kind erfaßt dies nicht als Ausdruck der Scham, sondern als interessanten Ritus.

In unserer Gesellschaft, die voll von Extremen ist und in der bürgerlichen Prüderie neben falscher Freizügigkeit existiert (denn Freizügigkeit ist in jedem Fall falsch, wenn sie öffentlichen Zwangscharakter annimmt), wird man gewiß darum bemüht sein, ein Verhältnis zur Leiblichkeit zu vermitteln, das von Unbefangenheit und Achtung zugleich bestimmt ist. Es gibt viel zu korrigieren. Nur fragt sich, ob Kinder das Instrument der Korrektur sind. Da korrigieren Eltern die Erzieher und umgekehrt, alles im Namen des Kindes, das man zugleich als Mittel der Korrektur einsetzt. Zugunsten der Kinder ist hier gegenseitige Toleranz am Platz. Gemeinsam sollte man nach Konzepten suchen und dabei vorgegebene Wirklichkeiten nicht einfach überspringen.

Ein solches Konzept, das Unbefangenheit und Achtung miteinander verbindet, sollte Kinder als Individuen ernst nehmen. Nicht jedes Kind reagiert gleich, nicht alle Kinder haben die gleichen Voraussetzungen. Jeder starke Eingriff riskiert, daß Entwicklungen vorzeitig moralisiert werden. Dies kann in die eine wie in die andere Richtung geschehen. Letztlich ist die Erziehung durch das eigene Vorbild des Verhaltens entscheidend. Das Kind findet darin Orientierung und bewältigt so das Problem von Nacktheit und Bekleidung. Es will ja „groß" werden.

Scham ist von Schuld zu unterscheiden

Wir sagen, bei der Erziehung zu Unbefangenheit und Achtung vor der Leiblichkeit bei sich selbst und bei anderen sollte man die Frage der Scham nicht so groß schreiben. Freilich entspricht dieser Bereich der Erziehung mit einer Schamerziehung im ganzen. Der Mensch ist zur Scham fähig, aber was das inhaltlich bedeutet, ist nicht festgelegt. Er schämt sich nicht seiner Natur, sondern weil er sich aufgrund sozialer Reaktionen als abweichend erfährt. Diese Erfahrung ist unausweichlich und hat ihr Gutes.

Dieses Gute besteht nicht nur in der Anpassung, sondern auch in der Entdeckung, nicht jedem gleich zu sein. Scham ist ein Anlaß zur Selbsterfahrung. Mit diesem Anlaß muß man als Erzieher vorsichtig umgehen lernen, denn es gibt richtige und falsche Scham. Auf die Dauer muß der Mensch lernen, seine Scham zu verantworten. Beim Kind kommt diese Verantwortung vorrangig von außen (und leider bei vielen Erwachsenen auch!). Deshalb trösten wir es, wenn wir meinen, daß es sich zu Unrecht schämt, deshalb bestätigen wir es, wenn es sich zu Recht schämt. Das Kind schämt sich zu Recht, wenn es rücksichtslos ist; es schämt sich zu Unrecht, wenn es rücksichtslos behandelt wird. Schamerziehung ist daher nicht einfach der Aufbau von Scham, sondern der rechte Umgang mit der Scham. Dazu muß man wissen, daß Scham, auch wenn sie mit Schuldgefühlen zu tun hat, von Schuld zu unterscheiden ist. Denn Scham erfährt man wegen der Abweichung von der Sitte, Schuld wegen der Abweichung von der Sittlichkeit. Beides ist für Kinder noch nicht zu unterscheiden, aber sie müssen diese Unterscheidung lernen, wenn wir wollen, daß einmal aus sozial auferlegter Sitte personal angeeignete Sittlichkeit werde.

Allzu unsicher sollten Eltern freilich auf diesem Gebiet nicht sein, auch wenn es sich als nicht ganz einfach erweist, wenn man darüber nachdenkt. In der Erziehung kleiner Kinder geben wir uns selbst; angelesene Ansichten entscheiden viel weniger, als man glaubt. Daher heißt Erziehung oft: an sich selbst arbeiten, um so zu werden, daß das Kind den rechten Halt findet.

Durch Zärtlichkeit der Sinnlichkeit einen Sinn geben

Kehren wir zum Ausgangspunkt zurück. Wir dachten über Zärtlichkeit, Leiblichkeit und Schamhaftigkeit nach. Zuletzt schien das Thema „Zärtlichkeit" verschwunden. Aber das ist keineswegs so. Zärtlichkeit hat, wie bereits gesagt, etwas mit Hauterfahrung zu tun. Unsere Haut begrenzt uns, wie die Redewendungen zeigen: „Man kann nicht aus seiner Haut" – „Ich möchte aus der Haut fahren". Aber unsere Haut und die mit ihr verbundene vielfältige sinnliche

Wahrnehmung verbindet uns auch mit dem anderen Menschen. Daraus entsteht die Körpersprache der Kommunikation. In dieser Sprache können wir ganz Unkörperliches zum Ausdruck bringen, Regungen der Seele sinnlich wahrnehmbar machen. Umgekehrt gesehen, können wir der Sinnlichkeit einen Sinn geben. Zärtlichkeit ist ein solcher Sinn. Dieser Sinn sagt zweierlei: erstens: wir sehen nicht von unserer Leiblichkeit ab, wenn wir miteinander umgehen, wir nehmen sie wahr, wir schließen sie ein, wir drücken uns darin aus; zweitens: die Art dieses Umgangs soll begütigend sein, tröstlich und rücksichtsvoll zugleich. Daher nimmt Zärtlichkeit die leibliche Distanz zugleich zurück und gibt sie in neuer Form wieder. Zunächst war diese Distanz gleichgültig und unbetroffen, jetzt ist sie voller Sympathie und Achtung. Wer Zärtlichkeit und Distanzlosigkeit verwechselt, der küßt z. B. ein Kind ab, wenn dieses gar nicht will. Er sucht den anderen als Instrument, nicht als Begegnung.

Der Sinn von Nähe und Distanz

Daher ist Erziehung zur Zärtlichkeit, so wenig sie auch auf den Aspekt der Geschlechtserziehung beschränkt werden soll, doch sehr wichtig für eine solche Geschlechtserziehung. Denn die Einübung in die Körpersprache bringt uns ganz ins Spiel, auch als Geschlechtswesen. Die Form der Zärtlichkeit ist eine gute Einübung in die Form der Liebe. Denn sie lehrt den Sinn von Nähe und Distanz verstehen. Auch dazu ein Beispiel: Wenn Vater oder Mutter nach einer längeren Abwesenheit zurückkehren, machen sie oft den Fehler, sich voll angestauter „Zärtlichkeit" auf das Kind zu stürzen. Es wird zum Instrument, das eigene Herz auszuschütten. Es wird gleichsam distanzlos wahrgenommen – und damit oft falsch oder gar nicht wahrgenommen. Nach unserer Erfahrung kann die Szene freilich auch so verlaufen: der heimkehrende Vater begrüßt das Kind „würdevoll". Das Kind, vielleicht noch im Spiel, läßt sich nicht stören. Nach einer Weile schaut es auf, und seine Augen sind voll Freude. Es läuft von sich aus auf den Vater zu und setzt sich auf seinen Schoß. Vielleicht dauert die Distanz ein paar Sekunden, vielleicht eine Stunde. Es ist eine Distanz, die zur Zärtlichkeit gehört.

Man kann in zweifacher Weise falsch auf sie reagieren: indem man diese Distanz überspielt oder indem man sie vergrößert („willst du deinen Vater nicht begrüßen?"). Natürlich sind nicht alle Kinder gleich und auch das gleiche Kind verhält sich nicht immer so. Aber es bleibt die Beobachtung, daß distanzlose „Zärtlichkeit" entweder in die Symbiose mit dem Säugling zurückfällt oder aber etwas „Gewalttätiges" annimmt.

Zärtlichkeit als reines Schlagwort hat oft mit falscher Distanzlosigkeit zu tun, mit einer falschen Unmittelbarkeit des Umgangs. Es ist schwer zu sagen, wann diese Phänomene vorliegen. Aber es gibt schon einige Anzeichen, daß unter Jugendlichen eine gewisse tröstende und einander begütigende Distanzlosigkeit allzu wahllos ausgeübt wird und daher den ersehnten Sinn doch nicht erreicht. Aber es ist eine verständliche Reaktion auf die Kälte unserer Kultur. Deshalb ist Erziehung zur Zärtlichkeit so wichtig, und sie erhält, von Achtung und Rücksicht getragen, beides: Nähe und Distanz.

Erziehung zur Zärtlichkeit hat ihren Platz zunächst im Elternhaus – wenn ihr dort Platz eingeräumt wird. Aber sie gehört auch in den Kindergarten. Körpersprache spielt dort ja eine große Rolle: vom Anlachen bis zum Prügeln unter den Kindern. Es wäre wenig, wollten sich die Erzieher dort darauf beschränken, körperliche Störungen zu vermeiden. In dem Augenblick, wo der Kindergarten positive Normen für das Sozialverhalten einübt, bestimmt er auch die Einstellung zur Zärtlichkeit (und indirekt zur Geschlechtlichkeit).

Ist Zärtlichkeit auch ein Leitbild für den Kindergarten? Warum eigentlich nicht, wenn man sie nicht als distanzlose Symbiose versteht? Die Zeit der auf Höflichkeit und Rücksicht gedrillten kleinen Horden ist vorbei. (Dieselben Horden sind dann ohne Aufsicht übereinander hergefallen.) Körpersprache ist nicht dann am besten, wenn sie zu grauer Unaufdringlichkeit und Einförmigkeit heruntergebracht oder dabei belassen wird. Wie Begegnungsspiele und Zärtlichkeitsspiele auszusehen haben, ist eine Frage der betroffenen Fachleute im Verein mit den betroffenen Eltern vor Ort. Mir scheint, hier ist ein Lernprozeß im Gange, der noch Raum und Gespräche braucht. Man kann die Praxis nicht von einem abgeleiteten Konzept her maßregeln. Aber man kann immerhin einige Korrekturprinzipien nennen: Sympathie *und* Achtung, Nähe *und* Distanz gehören dazu.

5. Bleibende Hindernisse

Dem „Gefühl für die Gestalt des anderen" stehen in unserer Kultur bleibende Hindernisse entgegen, zum einen die „Kälte der Kultur" und zum anderen die „falsche Prophetie" in unserer Gesellschaft.

Die „Kälte der Kultur"

Die Verbindung von Materialismus und Sinnmangel ist ein häufiges Thema von links und rechts, von Kirchen und Ersatzkirchen in unserer Gesellschaft. Die Verbindung von Leistungsideologie, Objektivierung und Verdinglichung des Menschen ist ebenfalls bekannt. Viele erfahren sich heute so, daß sie sagen könnten: Ich bin, was ich leiste; oder: Ich leiste, also bin ich. Das ist unsere verdinglichte Selbsterfahrung.

Die „Kälte der Kultur" kommt weiterhin zum Ausdruck in dem Konformitätsdruck der Gruppe, die mir nicht erlaubt, ich selbst zu sein. Ich bin dann nur, was man von mir erwartet. Ich bin, was man aus mir macht.

Letztlich wird die Kälte darin spürbar, *wie* unsere Kultur sich auch des Themas der Zärtlichkeit bemächtigt und Zärtlichkeit in erotische Technik und Konsumware verwandelt. Als Ersatzkonsum der Zärtlichkeit werden uns zärtliche Bilder zugemutet, Kitsch. Diese Verwandlung von Zärtlichkeit in Konsumware und erotische Technik zeigt sich etwa auch in der Renaissance der Rührstücke.

Mit dieser Bemächtigung der Zärtlichkeit durch die Kälte der Kultur hängt auch die Frage nach der „Gefühlspädagogik" zusammen, die Frage also nach der Benutzung von emotionalen und leiblichen Möglichkeiten innerhalb der Pädagogik. Es besteht die Gefahr, daß diese leiblich und emotional orientierte Pädagogik der Illusion unterliegt, es sei durch bestimmte Art von Übungen und Spielen das Ergebnis machbar, das Resultat gleichsam produzierbar. So ist etwa durch Berührungsspiele nicht die Grundhaltung der Zärtlichkeit im Menschen „machbar". Zärtlichkeit ist nicht etwas von außen her Funktionierbares. Sie ist vielmehr etwas von innen her zu Erwärmendes. Daher ist „Zärtlichkeit" auch kein Programm, das in Unterrichtseinheiten und Gruppentherapien vermarktet werden kann.

Die falsche Prophetie: Zwänge statt Emanzipation

Zum Geschäft mit dem Bedürfnis des Menschen nach mehr Sensibilität, nach mehr Formen der Begegnung und nach einer Begrenzung „verkopfter" Formen der Kommunikation gehören verschiedene Formen falscher Prophetie, in denen den Menschen etwas vorgelogen wird. Dazu möchte ich die Sexualisierung des Leibes, die Fetischisierung der Erotik und die Entsinnlichung der fürsorglichen Liebe rechnen.

Sexualisierung des Leibes

Die Sexualisierung des Leibes wird darin deutlich, daß dem Leib die Möglichkeit der „Kindheit" genommen wird. Seit die Freudschule die Kindheit sexualisiert hat – was mehr meint als die Feststellung der frühzeitigen geschlechtsspezifischen Prägung des Verhaltens –, müssen gar Puppen Sexualmerkmale tragen, müssen kleine Kinder Menschen mit Sexualorganen zeichnen lernen, ganz zu schweigen von der Sexualisierung des „Kindtyps" in der Figur des Weiblichen. Natürlich existiert der Leib des Menschen nur in geschlechtsspezifischen Formen. Das bedeutet aber nicht, daß er primär in diesen Formen oder fast zwanghaft darin wahrgenommen werden muß. Damit werden nämlich auch Formen fürsorglicher Zärtlichkeit sogleich sexualisiert.

Fetischisierung der Erotik in der Konsumgesellschaft und Entsinnlichung der fürsorglichen Liebe

Die Fetischisierung der Erotik besteht darin, daß in der Öffentlichkeit erotische Beziehung immer mehr durch dingliche *Ware* ausgedrückt wird. In der Konsumgesellschaft hat die *Sache* den erotischen Sinn zu garantieren. Die erotische Fotografie, gerade wo sie ihrer „Zartheit" und „Weichheit" wegen gerühmt oder entschuldigt wird, schafft leibliche Leitbilder der Erotik, die den „normalen" Menschen stets als Versager vor seinem Fetisch erscheinen läßt. An die Stelle schöpferischer Erotik tritt daher der Ersatz und der Konsumzwang.

Einen umgekehrten Weg geht man gegenüber den Formen menschlicher Beziehung, die sich nicht primär unter sexuelle oder erotische Vorzeichen bringen lassen. *Diese* Formen werden möglichst unleiblich, sozusagen chemisch rein und hygienisch kontrolliert dargestellt. Es gibt daher offiziell keine Zärtlichkeit für Alte, Kranke und Krüppel. Diese werden eher keimfrei und chromblitzend „aufgeräumt". Man sorgt für sie, man lebt nicht leiblich-zärtlich mit ihnen.

6. Orte der Zärtlichkeit oder Erfahrung der Sensibilität

Es ist nicht immer „vernünftig", auf die Vernunft zu setzen

Die Art, wie der abendländische Mensch sich selbst wahrnimmt, ist sehr von einer Hierarchie bestimmt. Ohne darüber genauer nachzudenken, ordnet er sein Wesen in drei Stufen: Vernunft – Gefühl – Leib. Er weiß, daß diese „Teile" zusammengehören und nicht unabhängig voneinander reagieren. Aber nimmt doch bei jeder Regung eine mehr oder minder bewußte Wertung vor. Diese Wertung ist eigentlich nicht falsch: wie wollen wir z. B. richtig handeln, wenn wir uns nicht auf die Vernunft beziehen? „Vernünftig" und „verantwortlich" gehören vor allem für unsere sittliche Tradition zusammen.

Dennoch steckt in dieser Hierarchie etwas, das zumindest nicht immer sinnvoll ist. Mit anderen Worten: es ist nicht immer „vernünftig", auf die Vernunft zu setzen. Die Vernunft kann uns sogar vorwerfen, wenn wir ein Gefühl zu sehr gezügelt haben. Der Dichter Robert Musil hat darauf aufmerksam gemacht, daß wir zuwenig Genauigkeit im Fühlen entwickelt haben und daß daher unsere Seele hinter unserer Rationalität zurückbleibt. Nach dem Menschenbild des Altertums und des Mittelalters saß die Vernunft im Herzen; erst die Neuzeit hat sie ins Gehirn verpflanzt. Damit ist das Verhältnis zwischen Vernunft und Gefühl „kopflastig" geworden. Mit dem Vorwurf der „Verkopfung" unseres Bewußtseins ist demnach nicht etwa eine Entmachtung der Vernunft beabsichtigt, sondern eine Diagnose der „Unterentwicklung" unserer leib-seelischen Kräfte. Man könnte auch sagen: wir haben Leib und Gefühl an die Peripherie gedrängt und die Herrschaft des Zentrums „Vernunft" so inthronisiert, daß die Peripherie aggressiv gegen das Zentrum aufsteht.

Neu auf die inneren Sinne achten

Eine Abwertung des Leiblichen rächt sich stets durch den Umschlag in einen übertriebenen Kult des Leiblichen (Sport, Sexualität, Modeästhetik usw.). Eine Abwertung des Gefühls rächt sich stets in einer Ohnmacht vor den eigenen Gefühlen, wenn sie die eingeengten Bahnen in einem plötzlichen Aufstand verlassen. Daher ist es das Gebot der Stunde, daß wir die berechtigte Eigenwertigkeit des Fühlens entdecken. Das aber heißt: Orte der Zärtlichkeit aufsuchen; Erfahrungen der Sensibilität für uns selbst sichtbar machen. Und dies hat mit unserem Leib und unseren Sinnen etwas zu tun. Denn nichts ist im Fühlen, das nicht seinen Eingang über unsere sinnliche Sensibilität findet. Wir dürfen dieser durchaus etwas zutrauen. Zwar hat die Entwicklung des Menschen von der Natur zur Zivilisation dazu geführt, daß die Schärfe unserer „äußeren" Sinne abgenommen hat, aber die Schärfe unserer „inneren" Sinne hat dabei zugenommen. Wir nehmen den anderen vielleicht weniger durch die unendlich abgestuften Qualitäten des Geruchs wahr – obwohl die sprachliche Erinnerung „jemanden nicht riechen können" noch auf Zeiten verweist, in denen dies entschieden anders war. Aber wir haben eine innere Sensibilität für die Gesamterscheinung, Gesamtgestalt des anderen Lebewesens entwickelt. Diese nimmt vieles zugleich auf, nicht nur die statische Gestalt, sondern auch die Motorik der Bewegung. Man könnte auch sagen: An die Stelle der „äußeren" Sinnlichkeit ist die Ästhetik getreten. Ästhetik heißt hier: die Möglichkeit, Einzelwahrnehmungen schon vor aller bewußten Prüfung in ganzheitlichen Bildern zusammensehen zu können. Dies tun die „inneren" Sinne. Die Vorstellung von „inneren" Sinnen stammt aus den Erfahrungen der frühen abendländischen Mystik, in der die Kultur unserer Erfahrung von Sensibilität überliefert ist. Wir müssen nur neu darauf achten.

Natur als offener Ort der Zärtlichkeit

Es ist klar, daß jedermann an dieser Stelle unserer Überlegung Beispiele erwartet, die das Gemeinte veranschaulichen. Ein Beispiel ist die Wahrnehmung der Natur. Ohne Zweifel nehmen wir von unserer natürlichen Umwelt (uns selbst eingeschlossen) in unseren fünf Sinnen entschieden weniger wahr als andere Lebewesen, z.B. Hunde. Und dennoch kann das Wenige der sinnlichen Wahrnehmung eine Fülle von Sensibilität erzeugen. Wer hat nicht die Regung verspürt, über die Rundung eines Steins zu streichen? Wenn selbst leblose Formen in uns gleichsam künstlerische Reaktionen hervorrufen, die etwa Landschaften mit Gefühlsqualitäten verbinden, um wieviel mehr regt uns die Lebendigkeit des Wachstums in pflanzlichen Lebewesen an! Wenn Kraft und Fülle aus den scheinbaren leblosen Erdkrumen entstehen, leben wir mit auf und entdecken uns in der Lyrik des Frühlings. Es heißt, daß man gewisse Pflanzen mit der Hand freundlich berühren, ja mit ihnen sprechen soll, damit sie in Fülle gedeihen. Das mag naturwissenschaftlich nicht stimmen, aber es stimmt psychologisch: Denn wer

Orte der Zärtlichkeit

kann seine Seele zuwenden, ohne sich in der Pflege zu engagieren?

Die Natur ist ein offener Ort der Zärtlichkeit. Unsere Fähigkeit, dies auszudrücken, leidet ein wenig unter der schlechten Poesie der Poesiealben, die sich aus der Biedermeierzeit in unsere Tage gerettet haben. Wir haben Angst vor der Banalität und vor dem Zurückbleiben unserer Fähigkeit, Erleben angemessen auszudrücken. Wir leiden darunter, daß wir über die Natur mehr „wissen" als frühere Zeiten und daß diese rationale Verfügung über die Natur gegen unser unmittelbares Erleben aufsteht. Natur, das ist, wie Kant sagte, das „Reich der Zwecke"; die Dinge laufen nach dem Gesetz von Ursache und Wirkung, und wir können uns diese Gesetze erklären. Aber wir müßten eigentlich wissen, daß keine Erklärung das eigene Recht unmittelbarer und ganzheitlicher Sensibilität aufhebt. Wäre dies anders, dann könnte man die Liebe „erklären".

Unsere Sensibilität reicht ins Unbenennbare

Sprache muß benennen. Die Unzulänglichkeit der Sprache gegenüber dem Naturerleben macht ein Gedicht von Johannes Bobrowski klar:

Sprache

Der Baum
größer als die Nacht
mit dem Atem der Talseen
mit dem Geflüster über
der Stille

Unsere Sensibilität reicht ins Unbenennbare

Die Steine
unter dem Fuß
die leuchtenden Adern
lange im Staub
für ewig

Sprache
abgehetzt
mit dem müden Mund
auf dem endlosen Weg
zum Hause des Nachbarn

Daß die Sprache hier versagt, liegt daran, daß sie verstehbar machen muß, was sich nur von selbst verstehen kann. So verstehen wir in der Natur auch gemeinsam oft sprachlos schweigend mehr, als wenn wir unsere Sensibilität für einen anderen übersetzen müssen, der sie nicht schon teilt. Und wenn er sie teilt, bedarf es der Sprache nicht.
  Die erwähnte Spannung zwischen der Genauigkeit unserer Erklärung und dem „Mehr" an Erleben gibt ein Gedicht von Rainer Malkowski wieder:

Schon viel

Den Kirschbaum untersucht.
Den weißen Holunder am Weg:
fünf Stengel, fünf Blütenblätter,
fünf Staubgefäße.
Schöne Genauigkeit, Schwester –
ich lege den Arm um dich.
Einmal am Tag wirklich sehen.
Im Ungefähren ist das schon viel.

Orte der Zärtlichkeit

Das gebrochene Verhältnis zu unserer Natur-Sensibilität drückt Günter Eich in zwei Dreizeilern aus:

Vorsicht

Die Kastanien blühn.
Ich nehme es zur Kenntnis,
äußere mich aber nicht dazu.

Ode an die Natur

Wir haben unseren Verdacht
gegen Forelle, Winter
und Fallgeschwindigkeit.

Deutlicher als im letzten Dreizeiler kann man kaum ausdrücken, wie die Mentalität der Natur-Wissenschaft mit dem Naturerleben in Widerstreit geraten können. Die Natur redet, um einige weitere Titel von Günter Eich zu zitieren „In anderen Sprachen"; sie sendet „Botschaften des Regens" („und der Regen redet / in der Sprache, von welcher ich glaubte, / niemand kenne sie außer mir –"); man kann diese Sprache „Lesen im Gewitter". Sprache muß benennen, unsere Sensibilität aber reicht ins Unbenennbare. Deshalb kann Jürgen Becker sagen:

Bildbeschreibung

Das Bild einer Bucht, und die Bucht
ist gewesen, leer, und sanft,
an den Rändern. Der Name sagt

nicht mehr; es gibt keinen Namen,
und das Bild ist erfunden,
unbeschreibbar, wie all das hier herum.

Das Reich der Künste: Durch alle Skepsis schimmert Zärtlichkeit

Deutlich wird in allen poetischen Zeilen, wie die Naturlyrik, aus der wir zitieren, die Sprache gegen die Hierarchie unseres Bewußtseins wenden muß, um die Natur als Erfahrungsort einer eigenen Sprache der Sensibilität überhaupt an uns heranzuführen. Aber durch alle Skepsis schimmert die Zärtlichkeit.

Wir sind damit bei unserer Frage nach „Orten" der Zärtlichkeit schon einen Schritt weiter gegangen: von der Natur zur Kunst. Dies ist keine Überraschung, denn mit der Natur erwachte und von ihr entfachte Sensibilität ist immer Kunst. Innere Sinne können nicht anders sprechen als ästhetisch. Sie können dies gut machen, dann entsteht Dichtung; sie können dies unangemessen tun, dann entsteht Kitsch. Kitsch ist eine Ungenauigkeit des Fühlens, ein Kurzschluß der Sensibilität. Man holt die Tiefe an die Oberfläche und gibt auf, bevor man sich voll auf etwas eingelassen hat. Die Postkarte sagt mehr aus über die Seele des Touristen als über die Natur. Nun ist das Reich der Künste ein eigener Ort der Zärtlichkeit. Diese Sehweise des Künstlers hat Peter Handke in seiner „Kindergeschichte" beschrieben:

„An einem warmen Oktobertag lag der Erwachsene lesend draußen im Gras eines schütteren Parkwalds, in den Augenwinkeln das Kind als Nahfarbe, welche ihm dann einmal aus dem Blickfeld gerät und nicht wiederkommt. Als er aufschaut, sieht er es schon weit weg zwischen den Bäumen gehen. Er läuft ihm sofort nach, ruft es dann aber nicht, sondern folgt ihm in einiger Entfernung. Es geht stetig geradeaus, auch wenn da kein Weg ist. Zwischen den beiden kreuzen immer wieder Spaziergänger mit Hunden, von denen einer im Vorbeirennen einmal das Kind umstößt. Es steht gleich auf und geht, ohne einen Blick für das Tier, in seiner Richtung weiter ... Das Kind hört nicht auf zu gehen; es wird weder schneller noch langsamer; schaut sich auch keinmal um, wendet nicht einmal den Kopf, und scheint auch nicht müde zu werden, wie sonst oft schon nach ein paar Schritten. Die beiden durchqueren, immer im alten Abstand, einen kleinen Auenstreifen, wo schon ein Wind von dem nahen Fluß zu spüren ist. (Viel später erzählte das Kind dem Erwachsenen, daß es bei ‚Auen‘ ans ‚Paradies‘ denke.) Hier liegt unter dem Laub viel morsches Holz, und das Kind gerät dabei hin und wieder ins Stolpern, kommt aber nicht aus seiner Richtung ... Dem Erwachsenen ist es, als seien sie beide zu Riesen geworden, mit Kopf und Schultern baumwipfelhoch über dem Erdboden, und zugleich den Entgegenkommenden unsichtbar: Sie stellen die Fabelwesen dar, die er sich zeitlebens als die wirklichen Mächte gedacht hat, hinter, über und zwischen den menschlichen Sinnestatsachen. Angesichts des Flusses bleibt das Kind stehen und legt die Hände am Rücken ineinander. Unweit an der Grasböschung sitzen ein anderer Erwachsener und ein anderes Kind, wie ihre Stellvertreter oder Doppelgänger; beide eisessend; und das Flußwasser strömt an den leuchtenden Eiskugeln und Halslinien entlang, die davon schimmern. Halb in den Fluß versunken, die hölzerne Kabinenreihe einer aufgelassenen Badeanstalt. Jenseits des Wassers, gegen Westen, die dichtbebaute Hügelkette, wo auf mittlerer Höhe die unaufhörlichen Vorortzüge orange-weiß-violett dahinwischen. Der Sonnenuntergangshimmel ist silbrig, einzelne Blätter und auch ein ganzer Zweig sind weit ins Leere hinaufgewirbelt. Die Uferbüsche unten wehen jetzt in einer wunderbaren Übereinstimmung mit dem kurzen Kinderhaar im Vordergrund. Der Augenzeuge fleht einen Segen auf dieses Bild herab und bleibt zugleich nüchtern. Er weiß, daß in jedem mystischen Augenblick ein allgemeines Gesetz beschlossen ist, dessen Form er zum Vorschein bringen soll und das nur in seiner gemäßen Form verbindlich wird; und er weiß auch, daß, die Formenfolge eines solchen Augenblicks freizudenken, das schwierigste Menschenwerk überhaupt ist. – Er hatte dann das Kind angerufen, das sich ohne Überraschung nach ihm umdrehte, wie nach dem für es zuständigen Leibwächter."

Ohne Zweifel ist in dieser Geschichte nicht einfach von Natur die Rede. Züge, Badeanstalten, Park – alles vom Menschen geschaffen, und alles ist voll von Menschen. „Die von uns Menschen geschaffene Schönheit ist das Erschütternde", läßt Handke in seinem „dramatischen Gedicht" „Über die Dörfer" verkünden; und er fährt fort:

„Erfindet immer neu das Rätsel: betreibt die Enträtselung, die zugleich das eine Rätsel verdeutlicht, als das wir jeden Morgen erwachen und jeden Abend uns zur Ruhe legen. Vergingen nicht schon viele Nächte ohne die Angst, Stirn an Stirn mit einem Kind, einem Tier, der bloßen Luft – und ihr fandet euch wieder mit den Umrissen der Sternbilder? Die Erkenntlichkeit, das sind die warmen Augen, das Gegenteil von zwei Dolchfingern drin. Merkt euch: soft ihr starr angeblickt werdet vom entgegenkommenden Kind, seid ihr die Ursache."

Orte der Zärtlichkeit

Die Entsprechungen wahrnehmen zwischen Mensch und Welt

In der vorher zitierten Geschichte ist deutlich, daß das Kind – es ist eben erst „gehfähig" – seinen Weg weiß, ohne ihn zu planen. Es reagiert sensibel auf die Luft vom Fluß und auf das, was „hinter den Sinnestatsachen" sich verbirgt. Während die romantischen Naturlyriker von Göttern hinter den Bäumen träumen (die eine christliche Entmythologisierung verjagt hat), sind hier die Menschen selbst die „Fabelwesen", das große Rätsel ihrer eigenen Welt. Aber zwischen Mensch und Welt gibt es „Übereinstimmung" in der Form: zwischen „Ufernbüschen" und „Kinderhaar". Diese Entsprechung zu zeigen, ist eine (nicht jede) Aufgabe des Künstlers, „die Verwandlung von Erfahrenem in Erfindung", wie dies Handke nennt. Das sensible Kind ist Bild für die Abwehr der „Dolchfinger" in den Augen einer bloß verzwecklichten, kalten und starren Welt.

Das Sehen des Künstlers entfaltet das allgemein mögliche Kunstsehen, das die Wirklichkeit zum Ort der Erfahrung von Sensibilität macht. Dieses Kunstsehen, die „Ästhetik", überliefert „heile Welt" (Handke), aber durchaus nicht im Sinne der Schönfärberei der Welt und des Menschen, sondern weil gerade das Widersprüchliche, das Leidende der „Verklärung" bedarf. Das ist freilich nicht alles (man lese dagegen z. B. die Erzählung „Wunschloses Unglück" von demselben Handke!). Es wäre gewiß falsch, würde man Zärtlichkeit und Sensibilität als Voraussetzung dazu ohne die Male des Leidens an unserer Wirklichkeit betrachten.

Keine unkritische Distanzlosigkeit

Sensibel sein für die Erkrankung des Zusammenlebens

Sensibilität ist auch nicht unkritische Distanzlosigkeit. Dazu eine andere Geschichte aus der Erzählung „Rumor" von Botho Strauß, die dies verdeutlicht:

„Im Stadtpark geht eine junge häßliche Frau um, stinkend und aschfahl. Stinkt draußen im Freien und keine frische Luft verweht den stechenden Geruch ... Aufgeschwemmt vom Müllfraß, zwei dicke Warzen nebeneinander auf der Backe, ringsum violettes Adermineral, lange Haare wie Loreley, bis auf den Hintern, verfilzt und verkrustet, durch Cola, Öl und Kotze gezogen, so daß es leimstarr wie eine gepreßte Matte auf ihrem Rücken liegt, und bestückt mit Abfällen aller Art, Streichhölzern, Büroklammern, Flaschendeckel, Fäden, Nußschalen, Kaugummis, bunter Dreck aus den Ecken, in denen sie gewöhnlich liegt und schläft, wie andere sich Blumen oder Spangen ins Haar stecken. Diese Frau hat in ihrer Verwahrlosung eine gewisse Vollkommenheit erreicht und scheint uns allen sagen zu wollen: es sein lassen, Abort werden selber ... In der Stadt kommt sie allemal leichter durch mit Küchenresten, Wohlfahrt und Diebstahl als in den Wäldern der Eifel oder der Schwäbischen Alb. Der ist danach, ohne die anderen mitten unter ihnen zu leben ... Wie der eine sich gerne schikanieren und seine Seele auspeitschen läßt und der andere gierig Häuser baut ...

Sollte es unter den empfindlichen, körpergepflegten Weltbesitzern etwa besser zugehen? Kommt dort nicht auch diese Krankheit, plötzlich zu verkinden, mitten im hellichten Aufstieg, in immer größere Verbreitung? In der Diele ihres Hauses, der selbstentworfenen Villa Sirius, rundum mit kühlem Aluminium abgedeckt, steht eine Frau mit ihren beiden Töchtern, Chef über mehr als fünfzig Architekten, Zeichner, Planer. Kurzgeschnittenes schwarzes Haar, das den schmalen, länglichen Kopf als einen klaren, sich durchsetzenden hervorhebt. Von den Töchtern die Kleinere unterhält sich vernünftig mit der Mutter, nimmt Ratschläge entgegen, wie sie im Garten ein Beet für Tulpen und eines für Anemonen anlegen soll, während zugleich ihre Schwester, neunzehn Jahre, Abitur mit Ein-Komma-Sechs, der Mutter im rechten Arm liegt und fast verblödet, mit stumpfen, weitem Rückblick in den Augen an ihrer nackten Brust kaut ... Der Zusammenbruch der Musterschülerin, der große Schüttel kam nach dem glanzvollen Ein-Komma-Sechs-Sieg auf dem Abgangszeugnis, in Wahrheit einem totalen Vernichtungssieg, den Ehrgeiz, Hast, Beschränkung, Zukunft über Jugend, Reifen, Schlendrian und Erste Liebe davongetragen haben ..."

Hier sind wir an einem anderen Ort von Sensibilität und Zärtlichkeit in der Kunst. Kunst, die kaum etwas anderes sein kann, als „Spiegel der Gesellschaft" (Shakespeare), ist von höchster Sensibilität für die Erkrankung des Zusammenlebens in einer kalten Leistungsgesellschaft. Hier sind Handkes „Dolchfinger" beschrieben: die Kehrseite des Kindermords zwischen der Produktion von Hygiene und Abfall zugleich ist das „Verkinden", in dem sich die düstere Gier der Leistung- und Konkurrenzwelt widerspiegelt. Die Abfallmenschen, die Stadtstreicherin (die an eine Figur in Strauß' Drama „Groß und Klein", „der eklige Engel" genannt, erinnert) und die zerstörte Musterschülerin, sind nicht eigentlich Außenseiter sondern Muster der Seele der Gesellschaft. Die sprachliche Verschärfung dieses Musters gehört mit zu der Sensibilität, aus der die Kunst entsteht und die sie weckt.

Sensibilität auch im Alltag

Kunstsehen macht sensibel für den Menschen

Aber wo ist hier Kunst „Ort der Zärtlichkeit"? Offensichtlich geht durch den Text von Strauß doch die gleiche Zärtlichkeit für das Rätsel Mensch wie durch den Text von Handke, nur muß sie hier durch eine Schicht des Ekels hindurch. Oberflächlich betrachtet ist diese Schicht des Ekels das ekelerregende am verkommenen Menschen als verkommene Erscheinung, also der Ekel des frischgewaschenen und erfolgreichen Bürgers, der im Park spazieren geht mit seinen Kindern, welche ob des Pesthauchs der „Stinkefee" (Strauß) zu plärren anfangen. Aber wenn man genau hinsieht, dann wird dieser Ekel vertieft und umgedreht zum Ekel vor einer Welt, in der die Gier dominiert, die nur notdürftig von „kühlem Aluminium" verblendet ist. Die stromlinienförmige Karriere-Frau ist es eigentlich, die ebenso scheitert, wie die Stadtstreicherin, die „es sein" gelassen hat.

„Zärtlichkeit" ist hier die Bindung von Ekel und Sympathie, von harter Diagnose und tiefer Sorge. Ohne eine solche Tiefenerfahrung ist eine Sensibilität für Blumenknospen und für den Schmelz der Schmetterlinge nichts wert. Der eigentliche Ort der Zärtlichkeit des Kunstsehens ist so der Mensch. Kunstsehen, Ästhetik, macht sensibel für den Menschen.

Seismographie der sprachlosen Begegnungen

Wir sprachen von Natur und Kunst – es gibt auch Orte des Alltags, die Erfahrung von Zärtlichkeit ermöglichen. Wo Menschen miteinander umgehen, in der Nachbarschaft oder in der U-Bahn, gibt es eine Seismographie ihrer Begegnung selbst bei bleibender Fremdheit. Wir wollen hier nicht (vielmehr an anderer Stelle) von Freundschaft und Liebe reden. Nehmen wir statt dessen die alltägliche Begegnung, das alltägliche Gespräch. Wer hat sich nicht schon dabei „ertappt", wie er einen anderen, fremden Menschen, der im Bus, bei einer Veranstaltung neben ihm oder ihm gegenüber sitzt, in betroffener Weise wahrnimmt – und dabei manchmal auch Gegenseitigkeit bemerkt? Es scheint dann, als werde dieser andere Mensch mit eigenem Profil aus der gesichtslosen Mehrzahl herausgehoben, nicht einmal, weil er uns in besonderer Weise gefällt, nicht etwa, weil wir etwas besonders Augenfälliges an ihm bemerken, auch nicht, weil wir über seine Füße stolpern oder ein lächelndes Winkzeichen in seinen Augen bemerken, ja letzlich auch nicht, weil er etwa anderen Geschlechtes ist. Die Wahrnehmung in betroffener Weise geht vielmehr aus dem blitzartigen Einschlag des gültigen Gefühls hervor: Da ist eine Form des Menschen, und du bist eine ebenso begrenzte, hinfällige und zugleich gültige Form. Man ertappt sich dabei, daß einen die Geschichte dieses Menschen interessiert, die Prägung, die seinen Blick und seine Bewegung bestimmt hat, die Unauswechselbarkeit, die seine möglicherweise durchaus unscheinbare Aura durchbricht. Und wir bemerken, daß dieses anfangende „Gefühl für die Gestalt des anderen" (Handke) etwas mit der Liebe zu tun hat, die im Menschsein als solchem begründet ist und die uns die übliche Gleichgültigkeit des geregelten Massenverkehrs unter den Menschen schmerzhaft als notwendig, aber ungerecht empfinden läßt. So kann vom fremden Menschen durch heraushebende sensible Wahrnehmung eine Botschaft, eine Nachricht ausgehen, die, wenn wir uns darauf einlassen, ihre eigene Genauigkeit hat: Jeder Mensch ist in sich selbst etwas, das Bedeutung und Sinn hat. Die unendliche Fülle von bestimmtem Menschen-Sinn geht uns darin wenigstens teilweise auf, so daß wir fragen müssen: Wer bist du als Teil des Rätsels Mensch, jung oder alt, Mann oder Frau, bleich oder farbig, krank oder gesund? Wer sagt dir zu, daß du anerkannt und angenommen und bevorzugt bist? Wer gibt die zärtliche Auskunft über deine Fehler und deine Schuld?

Wir sehen, wenn wir solche Wahrnehmung an uns heranlassen und sie nicht wegwischen wie eine Spinnwebe im Kellerwinkel: sie führt in das religiöse Geheimnis des Menschen hinein, in jenen „mystischen Augenblick", von dem Handke im zitierten Text der „Kindergeschichte" spricht. Nur ist dieser Augenblick mehr eine Frage als eine Antwort, und doch: Wir spüren, daß diese Sensibilität für die Frage nach dem Menschen in diesem Augenblick wichtiger ist als alle Antworten der Systeme, die plötzlich so auf uns wirken, als würden munter plappernde Auskunfteien das Stammeln anfangen. Die Begegnung mit dem fremden Menschen ist eine Erfahrung von Sensibilität. Aber ihre Chance kann vertan werden, wenn wir die Karteien unseres Gehirns zur Numerierung menschlicher Erscheinungsbilder auftun und unsere Erfahrung auf Flaschen ziehen, die vorher bereits etikettiert worden sind.

Gespräche von Mensch zu Mensch: ein Abtasten der Seele des anderen

Gehen wir einen Schritt weiter, von der sprachlosen Begegnung ins Gespräch. Wenn man einmal vom Gespräch als Form der intensiveren Begegnungen – Thomas Mann nennt dies das „schöne Gespräch" – absehen kann, dann hat das Gespräch mit dem Unbekannten oder wenig Vertrauten, abgesehen von seinem Inhalt, etwas mit dem Abtasten der

Seele des anderen zu tun. Eine Gelegenheit, bei der ich solche Gespräche öfter erlebt habe, ist das Mitnehmen von Auto-Stop-Fahrern, die ja, im Gegensatz zu früher, keine bestimmte, jugendliche Gemeinde mehr sind, sondern Menschen fast jeden Alters und jeder Herkunft. Die Fremdheit dient hier als Schutzschild für die unbedenkliche Annäherung und die Gelöstheit in der Bereitschaft, sich folgenlos auf andere Ansichten einzulassen (was freilich nicht unbedingt für alle Autofahrer gilt). Es ist erstaunlich, wie viele Menschen in solchen Situationen auf tiefe Sinnfragen, ja religiöse Fragen kommen. (Sofern dabei die Antenne nicht gleich eingefahren wird.) Offensichtlich ist hier etwas von dem „Schleier des Nichtwissens" wirksam, den der Sozialphilosoph John Rawls als Voraussetzung für die Unvoreingenommenheit der Kommunikation voraussetzen möchte. Man spricht daher „von Mensch zu Mensch", ohne daß schon allzuviele Tatsachenerfahrungen über den Einzelmenschen die Rede in konventionell ablaufende Schienen gebracht haben. Man durchbricht die Schranken seiner eigenen üblichen gesellschaftlichen Welt und der dazugehörigen Sprachregelung. Man nimmt den anderen weniger in einer Rolle wahr.

Dies ist offensichtlich eine günstige Situation für ein sensibles Interessenehmen. Man geht miteinander sorgfältiger um, als wäre es der erste Tag, an dem man mitten in der Wüste einen anderern Wanderer gefunden hat. Man lernt ein Stück Sensibilität außerhalb der üblichen Lernsituation in der eigenen Familie und im eigenen Freundeskreis. Dabei wird einem jedoch zugleich der in der eigenen Seele trotz bester Absicht mögliche Mangel an „Gefühl für die Gestalt des anderen" umso deutlicher. Eine andere Gelegenheit ist das „Gespräch über den Zaun" (oder über den Hausflur), das neben manchen, oft genug karikierten Einzelheiten, auch durchaus seine eigenen Möglichkeiten hat. Wenn man zwei Frauen (oder auch Männer) bei einem solchen Gespräch sieht und merkt, daß sie in seiner „Kunst" erfahren sind, dann ist es sehr interessant zu hören, wie unter der Schicht oberflächlicher Gesprächsthemen (Wetter, Garten, Neuigkeiten) zugleich eine Sorgfalt waltet, das mehr oder minder notwendige Zusammenleben der Menschen durch das sensible Abtasten seiner Möglichkeiten konfliktfrei zu gestalten. Natürlich ist das keineswegs immer so und es ist keineswegs eine geplante Veranstaltung zu wechselseitigem Nutzen. Aber dahinter steht die im Alltag zwischen den Menschen notwendige Sensibilität, deren Wahrnehmung vielleicht auch zu ihrer Vertiefung führen könnte.

Von der Sensibilität des Lächelns

Es ließe sich abschließend – ohne daß dieses Thema mit seinen unendlichen Möglichkeiten dadurch zum Abschluß kommen könnte – noch etwas über die Sensibilität des Lächelns sagen. Wir Menschen wissen wohl zwischen den Formen des Lächelns zu unterscheiden, und auch zwischen den darin enthaltenen unterschiedlichen Absichten, die von der Kontaktaufnahme bis zur Kontaktverweigerung gehen. Da ist das Automatenlächeln des Stars von Politik und Bühne, das nur narzißtisch den eigenen „Glamour" spiegelt; da ist das berufliche Verkehrslächeln, das uns die gegenseitigen Geschäftsdienste erleichtert; da ist das allgemeine Lächeln, das Freundlichkeit gegen jedermann, damit aber zunächst einmal unsere eigene Stimmung zum Ausdruck bringt; da ist das charmante bis bezaubernde Lächeln, das um ein sachliches oder persönliches Bewähren wirbt; da ist das herzliche Lächeln, das den gemeinten anderen hervorhebt und sich ernsthaft auf ihn einläßt; da ist schließlich das abweisende bis herabsetzende Lächeln, das den anderen auf Distanz oder gar in Unterwerfung zu halten versucht. Eine solche Vielfalt von Möglichkeiten spiegelt eine ganze Skala von möglichen Mitteln der Sensibilität, die nicht nur unser Lächeln durchwirken.

Genauer nach dem Grund unserer Verantwortung fragen

Wie gehen wir mit der Skala dieser unserer Möglichkeiten um? In jedem Falle sehen wir, daß Erfahrungen der Sensibilität mögliche Orte der Zärtlichkeit sichtbar machen und uns vor die Frage stellen, ob wir diese Orte aufsuchen wollen. Hier begegnen wir wieder unserer Vernunft als Ort der Verantwortung. Aber, und darauf kam es mir an: Die Vernunft kann nur Antwort geben, wenn das Gefühl zu der ihm eigenen Genauigkeit des Fragens findet. Wäre dies anders, dann bräuchten wir zum Beispiel keine eigene Sensibilität für den Frieden und seine Bedrohung unter den Menschen, um die Vernunft vor ihre Verantwortung zu stellen: es würde genügen, daß wir um die Paradoxie der Abschreckung *wissen*. Wissen ist aber nicht genug. Es gelingt uns immer wieder, unser Wissen zu neutralisieren, zumal uns die Welt des Wissens die Erkenntnishaltung der Neutralität aufzunötigen scheint. Die Sensibilität der Erfahrung nötigt uns hingegen dazu, genauer nach dem Grund unserer Verantwortung und nicht nur nach den verfügbaren Gründen zu fragen.

7. Christliche Wahrnehmung der Zärtlichkeit

Das Gefühl für die Gestalt des anderen finden

Durch das Leitmotiv, in dem Zärtlichkeit nach Handke als „das Gefühl für die Gestalt des anderen" formuliert wurde, wird deutlich, daß Zärtlichkeit zunächst einmal etwas mit der Art zu tun hat, wie ich den anderen Menschen wahrnehme, vor allem, wenn ich mit ihm in die Beziehung Liebe eintrete.

Die Art, wie man den anderen Menschen *nicht* wahrnimmt, erhellt aus einer kleinen Geschichte von Wolfdietrich Schnurre:

Die Kaulquappe und der Weißfisch

Eine Kaulquappe hatte einen Weißfisch geehelicht. Als ihr Beine wuchsen und sie ein Frosch zu werden begann, sagte sie eines Morgens zu ihm: „Martha, ich werde jetzt bald einer Berufung aufs Festland nachkommen müssen; es wird angebracht sein, daß du dich beizeiten daran gewöhnst, auf dem Lande zu leben." – „Aber um Himmels willen!", rief der Weißfisch verstört, „bedenke doch, Lieber: meine Flossen! Die Kiemen!" Die Kaulquappe sah seufzend zur Decke empor. „Liebst du mich, oder liebst du mich nicht?" – „Ei, aber ja", hauchte der Weißfisch ergeben. „Na also", sagte die Kaulquappe.

Christliche Wahrnehmung der Zärtlichkeit

Die Einzigkeit des anderen entsteht aus der Zeit für den anderen

Man sieht sehr deutlich, daß Zärtlichkeit etwas mit der gelassenen Wahrnehmung der Wirklichkeit des anderen zu tun hat. Und diese gelassene Wahrnehmung der Wirklichkeit des anderen, seiner Gestalt, geschieht mit dem Herzen, nicht mit der Berechnung des Kopfes. Der kleine Prinz von St. Exupéry sagt: „Man sieht nur mit dem Herzen gut." Diese Wahrnehmung des anderen geschieht aber auch nur dadurch, daß ich *Zeit* für den anderen hergebe. So sagt der Fuchs zum kleinen Prinzen bei St. Exupéry: „Die Zeit, die du für deine Rose verloren hast, sie macht deine Rose so wichtig." Es ist undenkbar, daß es eine Wahrnehmung der Gestalt des anderen anders als in der Form der Dauer, in der Form des Sich-Einlassens, in der Form des Zeithabens, des Zeitverschenkens geschieht. Die Einzigkeit des anderen, das ist die Lehre des kleinen Prinzen, entsteht aus der Zeit für den anderen. Zärtlichkeit schon im Modus der Wahrnehmung, Zärtlichkeit darüber hinaus im Modus der Angstfreiheit verlangt Dauer und zwar die Dauer, die wir uns gegenseitig schenken. So sagt Peter Handke: „Sie sagte zu mir: ‚Du mußt noch lange leben!' Und ich freute mich darüber."

Die Wahrnehmungsfähigkeit Jesu: eine Ahnung des Gottes, den er vertritt

In dieser Weise der Wahrnehmung, des Sich-Einlassens auf den anderen, des Zeithabens für den anderen können wir auch Jesus neu begegnen und Jesus neu kennenlernen. Gerade in diesem Sinne der Zärtlichkeit nimmt Jesus die Men-

Die Wahrnehmungsfähigkeit Jesu

schen wahr und entwickelt Gefühl für die Gestalt des anderen. Einige Beispiele dafür möchte ich andeuten:

Bei der Begegnung Jesu mit dem reichen Jüngling ist die Rede davon, daß Jesus ihn ansah „mit einem Blick voll Liebe", mit einem Blick, der diesem Menschen seine Einzigartigkeit zusagte. Was für uns außerordentlich schwierig ist, nämlich Menschen zu begegnen und sie zugleich als einzigartig *und* als Menschen wie jedermann zu nehmen, das konnte Jesus. Daß er es konnte, repräsentiert ihn als jemand, der den Vater, der Gott verkündet. Diese Möglichkeit Jesu ist eine Ahnung des Gottes, den er vertritt.

Als ein weiteres Beispiel sei das Gleichnis vom verlorenen Sohn angeführt. Am Schluß der Geschichte vom verlorenen Sohn heißt es: „Der Vater sieht seinen Sohn schon von weitem." Es kommt dabei nicht darauf an, daß er seinen Sohn von weitem sieht in dem Sinne, daß er merkt, daß da jemand ankommt. Betont wird vielmehr, daß der Vater schon in dem Blick der Ferne das Gefühl für die Gestalt des anderen entwickelt. Bei der Begegnung ist dann keine Frage mehr: Wie geht es Dir? Was machst Du? Da ist noch bevor sie einander treffen, der Entschluß, den andren anzunehmen, schon gefallen.

Eine weitere aufschlußreiche Geschichte findet sich bei Johannes, wo Jesus der Sünderin begegnet und anfängt, nachdem er sein Wort zu den umstehenden Pharisäern und Schriftgelehrten gesagt hat, im Sande herum zu malen. Dann schaut er auf und sieht sie an. Sie steht allein vor ihm als jemand, zu dem man „du" sagen kann und der damit allein gemeint ist, unauswechselbar, nicht wie jedermann.

Erinnert sei an den Blick, den der gekreuzigte Jesus mit dem mit ihm Gekreuzigten wechselt, als er zu ihm sagt, daß er heute noch bei ihm sein werde.

Christliche Wahrnehmung der Zärtlichkeit

Zärtlichkeit als Wert muß Formen annehmen: Eros und Ethos

Zärtlichkeit als Werthaltung läßt sich nur erfahren, wenn Zärtlickeit Formen annimmt. Peter Handke sagt: „Liebe: die Formen sind das Angemessene, Natürliche, in dem das Gefühl erst ruhig und stark wird; ohne die Formen Verlust des Gefühls und plötzliche Kälte." Ein überraschendes Wort, sind wir doch der Meinung, daß Zärtlichkeit gerade da besonders ein Wert sei, wo sie gleichsam gestaltlos und formfrei, spontan, ohne Zwang sich zwischen uns ereignet. Das scheint für den genauen Beobachter und Wahrnehmer der Wirklichkeit, den Literaten Peter Handke, übrigens auch für A. de St. Exupéry, nicht so zu sein. Die Treue zum Vertrauten, die Aufhebung der Angst durch die Form, gehört offensichtlich zur Bedingung einer Werthaltung von Zärtlichkeit. Darüber hinaus gehört zur Zärtlichkeit mehr, als bloß den möglichen Schaden des anderen zu berechnen, wenn ich die Zärtlichkeit ihm gegenüber aufgebe und ihn aus der Wärme in die Kälte entlasse. Zur Zärtlichkeit gehört offensichtlich der Dienst an der Entfaltung des anderen, die ihm angemessene Förderung seiner Freiheit. Die Würzburger Synode etwa spricht von einer „Stufenleiter der Zärtlichkeiten" im Bereich vor der Ehe.

Zur Zärtlichkeit gehört ferner, daß ich nicht meine, sie entstehe aus sich selbst heraus, gleichsam nicht aus dem Willen, sondern bloß aus der Neigung, nicht aus dem Ethos, sondern bloß aus dem Eros. Zärtlichkeit bedeutet auch, dem anderen Liebe *wollen;* eine Wiedergeburt des Eros aus dem Ethos, denn Wollen ist die Bedingung des ethisch Handelns. Handke hat das in einem Aphorismus so formuliert: „In dem Moment, in dem ich sie lieb haben will, erfüllt mich, dadurch daß ich mich hinneige, auch schon wirklich die Liebe." Das ist gemeint, wenn man davon spricht, daß der Eros aus dem Ethos, aus dem Willen, wiedergeboren wird.

Zur Zärtlichkeit gehört ferner im Sinne der Werthaltung, daß ich bereit bin, Liebe anzunehmen; daß ich nicht sozusagen die „gnadenlose Freiheit" suche, die nur beansprucht, aber sich nicht schenken läßt; daß ich Liebe annehmen kann oder – theologisch gesprochen – daß für mich nicht nur der meiner bedürftige andere Mensch, sondern auch der sich mir schenkende andere Mensch als Ahnung Gottes erscheint.

Liebe spricht dem Geliebten Unsterblichkeit zu

Zusammenfassend läßt sich sagen: Zärtlichkeit ist eine menschenwürdige Werthaltung dort, wo sie für die daran beteiligten Menschen eine Zusage des Lebens auf Dauer und der endgültigen Angstfreiheit bedeutet; eine Zusage, die wir uns gemeinsam tun, die an den anderen geschieht und die an mich durch den anderen geschieht. Letztlich gipfelt diese Werthaltung der Zärtlichkeit in der Zusage der Überwindung des Todes an den anderen Menschen. Nach Ladislaus Boros sagt der Liebende zu seinem Partner: „Du wirst nicht sterben." Er anerkennt letztlich den Tod für seinen Partner nicht. Die Liebe spricht dem geliebten Partner also Unsterblichkeit zu. „Es ist nicht möglich, daß du mich für immer verläßt, daß du der ewigen Zerstörung anheimfallen wirst. Es kann nicht sein, daß du nie mehr zu dem entfaltet werden wirst, was ich in Augenblicken der Liebe an dir gesehen habe." Der Glaube an die Unsterblichkeit des geliebten Partners bei höchster Intensität der Zärtlichkeit ist daher nicht das Ergebnis einer logischen Schlußfolgerung, sondern er kommt aus der inneren Evidenz der Beziehung der Freundschaft selbst. Freundschaft in dieser Form macht uns die unzerbrechliche Gegenwart einer letzten Güte in der Welt deutlich. Und daher ist diese menschenwürdige, werthaltige Zärtlichkeit letztlich auch eine Vordeutung auf eine christliche Tiefenerfahrung der Zärtlichkeit.

Christliche Tiefenerfahrung der Zärtlichkeit

Texte der Brautmystik etwa eines Heinrich Seuse und einer Mechthild von Magdeburg belegen die Erfahrung eines Angetrautseins zwischen Menschen und Gott. Sie verdeutlichen zudem, daß Gott, wenn man wirklich intensiv mit ihm in Berührung kommen will, sich nicht ohne Metaphorik der Zärtlichkeit sagen und erspüren läßt.

Was läßt sich nun von Gott sagen und spüren, wenn man dabei die Bilder und die Sprache der Zärtlichkeit nutzt? Alles Reden von Gott, die Gottesrede, ist ja letztlich eine Bildrede; wobei wir versuchen müssen, wie es der Mystiker Heinrich Seuse ausgedrückt hat, Bild mit Bildern auszutreiben. D. h. wir müssen versuchen, immer wieder Bilder zu wählen, die einander korrigieren. Beispiele zärtlicher Gottesrede: Das ist die Frage nach einer Theologie der Zärtlichkeit im engeren Sinne. Vier solcher Beispiele seien abschließend genannt:

Ein Beispiel zärtlicher Gottesrede wäre im Sinne des Hautgefühls, von dem Tom Lemaire gesprochen hat, so zu formulieren: Indem Gott Mensch geworden ist, ist er uns hautnah geworden. Er hat sich so sehr auf unsere Haut eingelassen, daß er nicht mehr aus ihr heraus will und kann.

Anwesenheit Gottes im Modus der Zärtlichkeit

In dem Modus jenes angstfreien Vertrauens, das die Zärtlichkeit ausmacht, kann man von Gott ebenfalls sprechen: Gott ist jener, der sich zähmen läßt, der sich bereit hält dafür, daß der Mensch ihn zähmt, d. h. daß der Mensch sich ihn und sich ihm vertraut macht. Gott steht bereit, er gibt sich selber.

Ein drittes Beispiel zärtlicher Gottesrede läßt sich am Verhältnis von Zärtlichkeit und Freiheit festmachen, weil ja Zärtlichkeit gerade jene ist, die den anderen frei läßt und von der der andere diese Freiheit auch annehmen kann. Dies wird darin deutlich, daß der christliche Gott, wie Jesus von Nazareth ihn offenbar zu machen versucht, dem Menschen gegenüber nicht gewaltsam ist, sondern „diskret" bleibt. Gott ist so etwas – wir haben es als Saite der Zärtlichkeit kennengelernt – wie eine „sanfte Energie", die uns frei läßt und uns die Freiheit läßt.

Schließlich sei – das Leitmotiv vom „Gefühl für die Gestalt des anderen" noch einmal aufgreifend – an das Fortleben des Christus erinnert: Jesus trägt für uns seit seiner Auferstehung das Gesicht des Anvertrauten. Damit kann man sagen, daß in dem Antlitz, in den Gesichtern der uns Anvertrauten, in ihrer vollen Leiblichkeit auch so etwas wie eine Anwesenheit Gottes im Modus der Zärtlichkeit erfahrbar wird (vgl. Mt 25).

8. Zärtliche Mystik

Der Liebespreis des Hohen Lieds als Vorbild

Zärtlichkeit im Christentum, das ist nicht zuletzt die Geschichte der Auslegung eines biblischen Textes: des Hohen Liedes im Alten Testament. Schon sehr früh wurde diese Sammlung von poetischen Liebesliedern im übertragenen Sinne ausgelegt, d. h., man bezog es auf die Brautschaft der Kirche zu Christus, auf das Verhältnis der Seele zu Gott, auf die Verehrung Mariens. Wir neigen heute dazu, die Texte mehr in ihrer ursprünglichen Aussagekraft zu verstehen, also als erotische Texte, deren Aufnahme in den Kanon der heiligen Schriften uns zeigt, daß die Liebe Gottes zu den Menschen diesen auch in seiner Kultur der erotischen Liebe annimmt und befreit.

Wir wollen dies an ein paar Zeilen verdeutlichen:

„Verzaubert hast du mich,
meine Schwester Braut;
ja verzaubert
mit einem Blick deiner Augen,
mit einer Perle deiner Halskette.
Wie schön ist deine Liebe,
meine Schwester Braut;
wieviel süßer ist deine Liebe als Wein,
der Duft deiner Salben köstlicher
als alle Balsamdüfte.
Von deinen Lippen, Braut, tropft Honig;

Milch und Honig ist unter deiner Zunge.
Der Duft deiner Kleider ist
wie des Libanon Duft." (4, 9–11)

Die Unmittelbarkeit und Freiheit des Textes steht gewiß nicht hinter dem zurück, was wir als Liebeslyrik, etwa des Minnesanges im Mittelalter kennen. Daß hier nichts religiös „vereinnahmt" wird, hat wohl auch seine Bedeutung: Wenn es wahr ist, daß die Liebeslieder des Hohen Liedes durchwachsen sind von Formeln, die Hoheit und Schönheit bei Göttern und Königen preisen, dann kann man eher davon ausgehen, daß diese Texte „Verweltlichungen" sind. Denn die Liebeskultur im Alten Orient ist eine religiöse Kultur, und Israel hat sich mit der religiösen Einbindung des Erotischen und Sexuellen, z. B. in Baal- und Astartekulten, oft kritisch auseinandersetzen müssen. Im Liebeslied, das Formen religiöser und politischer Preisung benutzt, aber diese von ihrem Sitz im Leben löst, findet gerade eine Säkularisierung und Demokratisierung der Kunstformen der Liebessprache statt. Es ist daher nicht ohne theologische Bedeutung, daß die Liebeslyrik in *diesem* Stadium ihren Eingang in die Schriften fand. Die Kunst, geschaffen für Könige und Götter, kehrt zum Volke zurück und gibt seinem Empfinden den gehobenen Ausdruck: das Preislied wird zum Volkslied.

Liebe Gottes und Zärtlichkeit der Welt

Beachten sollten wir auch, daß der Zauber der Liebe hier durchaus mit der Künstlichkeit der Lockung zur Liebe zu tun hat: Die Sinne werden durch Schmuck und Duft bewegt. Hier waltet nicht ein „zurück zur Natur", sondern eine Freude an der Steigerung des erotischen Reizes durch Kunst und Kultur.

Schließlich bleibt, bei aller Vernichtung religiöser Unmittelbarkeit, eine Tür offen zur religiösen Erfahrung: die Sensibilität, in die uns die Verzauberung der erotischen Liebe versetzt, ist der Gestimmtheit verwechselbar nahe, die uns in religiösen Empfindungen bewegt. Aber hier ist zu unterscheiden: Die Liebe Gottes und die Zärtlichkeit der Welt können nicht auswechselbar füreinander einstehen. Sie stehen in Zusammenhang, aber dieser Zusammenhang ist nur herstellbar, wenn zuerst von Gott her gedacht wird. Sonst gerät man in Gefahr, das Paradies der erotischen Gestimmtheit mit unserem versöhnten Dasein vor Gott zu verwechseln, und dann etwa zu sagen: Ich liebe, darum bin ich mit Gott versöhnt, statt umgekehrt: Weil Gott mich mit dem Verstehen seiner Liebe erfüllt, weiß ich, wie wenig es ist, wenn ich sage: „Ich liebe".

Unterscheiden müssen wir Eros und Gott, aber wir brauchen sie nicht zu trennen, wenn wir von Gott her den letzten Sinn des Eros verstehen: Bild jenes angstfreien Vertrauens und jener vorbehaltlosen Hingabe zu sein, die in Gott voll eingelöste Wirklichkeit ist.

Erotische Bilder in der Gotteserfahrung: Die Brautmystik der Mechthild von Magdeburg

So ist es verständlich, daß erotische Bilder – als Bilder – in die Gotteserfahrung hineinwachsen. Dies ist besonders in der sogenannten „Brautmystik" der Fall. Zwei Texte, der eine von Mechthild von Magdeburg, der andere von Johannes vom Kreuz, mögen uns dafür als Beispiele dienen.

Mechthild von Magdeburg (ca. 1207 bis 1281/82) hat ihr

Erotische Bilder in der Gotteserfahrung

Hauptwerk, "Das fließende Licht der Gottheit" nach 1250 niedergeschrieben. Mechthild lebte zunächst in einem offenen religiösen Fraueninstitut als Begine in Magdeburg und am Ende ihres Lebens im Zisterzienserkloster Helfta. Das Bekenntnisbuch ihrer religiösen Erfahrung enthält vor allem lyrische Passagen, Dialoge, Erzählungen, bevorzugt also die literarische Unmittelbarkeit vor der lehrhaften Rede. Vieles davon zählt man unter die sogenannte "Brautmystik", d. h. das innere Gespräch zwischen der Braut Seele und dem Bräutigam Christus. Dabei ist die bildhafte Form eine Möglichkeit, das eigentlich Unaussagbare auszusagen: Weil jeder weiß, daß die Unähnlichkeit des Bildes hier größer ist als seine Ähnlichkeit und daß das Bild aus dem Durchbruch durch die Erfahrung des Schweigens über die religiösen Erfahrnisse kommt, ist der Bilderreichtum hier kein Hindernis für die Aussage Gottes, sondern die einzige Möglichkeit. Der bekannte Mystik-Forscher Alois M. Haas sagt dazu:

"Denn die Erkenntnis des Unsichtbaren macht den Rekurs auf sinnliche Bilder notwendig, die an sich nur ein Gestammel sind, deren Funktion mit dem Verweis auf die Erfahrung sich erschöpft. Die Widergabe des Unsinnlichen aber – und das ist nun auf der Ebene der Form das schärfste Paradox – bedient sich der Sinnlichkeit in ihrer ausschließlichsten Form. Es mag seine Richtigkeit haben, daß die Freiheit, mit der sich der ,sermo mysticus' erotischer Bilder bedient, durch die Tabuisierung im eigentlichen Nennbereich erklärt wird. Durch solchen Lastenausgleich im sprachlichen Haushalt wäre aber erst vom Gesellschaftlichen her die Sublimation der Erotik ins Geistliche vermittelt. Warum aber das erotische Vokabular im mystischen Kontext sich aufdrängt, hat den viel unmittelbareren Grund in der evangelisch geforderten Spiegelbildlichkeit von Gottes- und Menschenliebe. Der ganze große Aufwand einer geistlichen Sinnlichkeit lebt von diesem Bezug ... Die ‚Unio' ist nur bildlich denkbar, sonst ist sie unaussagbar." (S. 95 f.)

Haas macht auch auf den bedeutsamen Satz bei Mechthild aufmerksam: „Ich kann und will nicht schreiben, ich sehe es mit den Augen meiner Seele und höre es mit den Ohren meines ewigen Geistes und spüre in allen Gliedern meines Leibes die Kraft des Heiligen Geistes." Hier wird die Tradition der geistlichen Sinne wach, und für diese war wie für das Vor-Bild der Liebesbeziehung das Hohe Lied eine zugleich literarische und geistliche Quelle. Die höchste Einigung ist eine Liebes-Verschmelzung und wird auch unverhohlen in deren Bild geschildert:

„Nun geht die Allerliebste zu dem Allerschönsten in die verborgenen Kammern der unsichtbaren Gottheit. Dort findet sie der Liebe Bett und der Liebe Einlaß, und Gott (findet sie) über menschliches Maß hinaus bereit.
   Da spricht sie der Herr an: Bleib, Frau Seele. – Was befiehlst du, Herr? – Ihr sollt nackt sein! – Herr, wie soll mir dann geschehen? – Frau Seele, Ihr seid so sehr meinem Wesen gleichgestaltet, daß zwischen Euch und mir überhaupt nichts sein darf.

Es ward kein Engel so geehrt,
dem eine Stund' wurd' das gewährt,
das Euch ist ewiglich gegeben.
Darum sollt Ihr von Euch legen
Furcht und Scham und äußrer Tugend Spur.
Ganz allein soll bleiben nur,

was Ihr in Euch traget von Natur,
das sollt Ihr ewiglich verspüren wollen:
das ist Euer edeles Begehren
und das Verlangen, tief und ohne Grund.
Das will ich ewiglich erfüllen
mit meiner endlosen Verschwendung. –
– Herr, nun bin ich eine nackte Seele
und du in dir ein reichgeschmückter Gott.
Unser beider Gemeinschaft
ist der Leib für immer ohne Tod. –
– Da geschieht die selige Stille,
und es wird ihr beider Wille.
Er gibt sich ihr und sie sich ihm.
Sie weiß nun, was mit ihr geschieht,
und damit geb ich mich zufrieden.
Aber lang kann dies nicht währen.
Wo zwei Geliebte insgeheim zusammen kommen,
müssen sie oft ganz plötzlich scheiden.
Lieber Gottesfreund, ich schrieb dir diesen Weg der Liebe:
in deinem Herzen muß Gott ihn selbst erschließen.
Amen." (Buch I, Kap. 44)

„Austreiben der Bilder durch Bilder"

Ein wenig spürt man in diesem Text das berühmte Verfahren einer religiösen Metaphorik, das Heinrich Seuse als „Austreiben der Bilder durch Bilder" bezeichnet hat: zur Zeitlosigkeit und Intensität der Liebeserfahrung kontrastiert die Erfahrung, daß sie „heimlich" bleibt und nicht festzuhalten ist. Unbedenklich wird dazu das Bild vom gestörten Liebestreffen gegen die Feierlichkeit und Endgültigkeit einer bräutlichen Heimführung gesetzt. Die erotische

Zärtliche Mystik

Spannung des Liedes bewegt sich zwischen angstfreier und vorbehaltloser Vertrautheit einerseits und dem nicht fixierbaren zerbrechlichen Glück des Augenblickes andererseits. Das Bild allein setzt hohe Sensibilität im erotischen Fühlen voraus.

Zur geschichtlichen Bedeutung dieser religiösen Tiefenerfahrung

Bevor wir einige Überlegungen für heute daran knüpfen, müssen wir einen Blick auf die geschichtliche Bedeutung dieser Art religiöser Tiefenerfahrung werfen. Sie wendet sich gegen bestimmte Züge des antiken Menschenbildes, das den Menschen einerseits hierarchisch ordnet und andererseits Leib und Seele als Alternativen der Existenz setzt. Die Übernahme dieses Menschenbildes, wenn sie auch nur selten unkritisch geschah, hat Folgen für die religiöse Wertung des Verhältnisses von Gott und Mensch in Christus und für eine Vorstellung, die Weltverachtung als Bedingung der Gottbegegnung festschrieb. Mechthild dagegen „bringt es fertig, das Geheimnis der Leibwerdung Gottes innerlich als ein unüberholbares, ewiges zu verstehen und darin auch das Verhältnis von Seele und Leib des Einzelmenschen zu bergen" (H. Urs von Balthasar, S. 24). Denn das Geheimnis der Leibwerdung ist zugleich das Geheimnis der Liebe. Mechthild sagt:

„Die Liebe geht durch die Sinne und erstürmt mit allen Kräften die Seele. Wächst die Liebe in der Seele, so schwingt sie sich mit großem Begehren zu Gott hinauf und weitet sich, indem sie sich verströmt, für das Wunder, das über sie hereinbricht. (Diese Liebe) schmilzt durch die Seele in die

Sinne. Dadurch gewinnt auch der Leib seinen Anteil, so daß er in allem (durch die Liebe) geformt wird." (V, 4)

Das Ganze umschließt Geist, Seele und Leib der Liebe

Die Sinne sind also in Aufstieg und Abstieg religiöser Liebeserfahrung mit hineingenommen. Mechthild will „keine Ertötung des sinnlichen Empfindens ..., auch nicht des sexuellen" (H. Urs von Balthasar S. 25); sie will nicht die Alternative, sondern das in Gott geschenkte Ganze. Dieses Ganze umschließt Geist, Seele und Leib der Liebe:

„Minne ohne Erkenntnis
dünkt die weise Seele Finsternis.
Erkenntnis ohne Genuß
dünkt sie eine Höllenpein.
Genuß ohne Tod
kann sie nie genug beklagen." (I, 21)

Das religiöse Geheimnis wird so in einer Dialektik der Liebesweisheit versprachlicht. Daß diese auf das leibliche Genießen – mit der Gegenbewegung des Todes, der es in seiner Empfindung verschärft – nicht verzichten kann, hat etwas mit der christlichen Theologie der Auferstehung zu tun. Die Heiligung sieht Mechthild im Reich der Sterne warten, bis ihre endgültige Auferstehung „die dünne Haut" zwischen ihrem Leib und dem Leib der neuen Schöpfung durchstößt. Die Leiblichkeit der christlichen Hoffnung erscheint bei Mechthild in immer neuen überraschenden Bildern. Und ein Bild dieser Leiblichkeit der Hoffnung ist die in der Gestalt der nährenden Weisheit vorgebildete „heilige Frau Maria" als Amme der Menschheit: das fließende Blut aus den Wunden Christi und die „verschwenderische Barmherzigkeit" der fließenden Milch aus ihren vor Überfülle schmerzenden Brüsten sind Bilder des „fließenden Lichtes der Gottheit", das so merkwürdig zwischen maskuline und feminine religiöse Sprache gerät:

„Da waren seine Wunden und ihre Brüste offen.
Die Wunden gossen,
und die Brüste flossen,
und die Seele ward lebendig und gesund,
da er in ihren roten Mund
den lauteren purpurnen Wein ergoß." (I, 22)

Die geschichtliche Bedeutung liegt theologisch gewiß in einer Verwandlung des platonischen Eros in das Motiv der christlichen Leibhaftigkeit der Auferstehungshoffnung und von daher in einer bis heute noch nicht durch die Theologie eingeholten neuen religiösen Sprache, die nicht nur das Leibliche, sondern auch das Weibliche ernst nimmt.

Unsere Erlösung ist keine Alternative zwischen Leib und Seele

Daran schließt sich die Frage für heute: ist die Sensibilität im erotischen Fühlen so etwas wie eine „wegweisende" (unser erstes Zitat spricht ja vom „Weg der Liebe", vom Minneweg) Bereitung der Tiefe der Gotteserfahrung? Die Antwort lautet: ja, sofern man den Charakter des Eros als „Bild" versteht. Denn ein Bild ist nicht Wegweisung auf sich selbst, sondern von sich selbst weg auf das, was im Bilde erscheint. Und eben dieses kann man nicht „haben", sondern nur ersehnen. Das leibliche Erspüren der Gotteserfahrung in den sinnlichen Bildern der Liebe ist also nicht etwa ein Kriterium der Wahrheit und Intensität der religiösen Beziehung selber, sondern es hat den Charakter einer zwar uneindeutigen, aber möglichen Tröstung: unsere Erlösung ist keine Alternative zwischen Leib und Seele.

Auf dem Weg zu Gott durch die Nacht der Sinne

Merkwürdigerweise kehrt sich hier die Sinnlichkeit, gerade, indem sie bejaht wird, wider sich selbst. Denn sie läuft Sturm gegen ihre eigene Blindheit und Finsternis und wird gerade darin geläutert, die Sinnlichkeit der Seele zu entfalten, jenen tieferen Eros, der sich nach der Zuwendung der Liebe Gottes sehnt. Darum muß der Mensch auf dem Weg zu Gott durch die „Nacht der Sinne" hindurch, durch eine Weglosigkeit, die in der Mystik mit den Metaphern der „Finsternis" und „Wüste" gekennzeichnet wird. Dazu ein Text von Johannes vom Kreuz:

In dunkler Nacht

In Nacht an Sternen bloß,
von Liebesdrang glühend zum Ziel gerichtet –
o wunderseliges Los! –
entging ich ungesichtet,
mein Haus in Stille lassend, tiefbeschwichtet –

tief in des Dunkels Schoß,
verborgene Stufen längs, vermummt, umdichtet –
o wunderseliges Los! –
nachts, jedem Blick vernichtet,
mein Haus in Stille lassend, tiefbeschwichtet!

Zärtliche Mystik

Geheim, Zauberringen
der Dunkelheit, wo mich kein Blick erkannte,
wo ich nichts sah von Dingen
und nichts mir Strahlen sandte
als jenes Leitlicht, das im Herzen brannte!

Dies lenkte mich, dies brachte
mich besser als der Tag, der grell durchblaute,
zum Ziel, wo meiner harrte
er, der zutiefst Vertraute –
zum Ziel, wo ich nichts Scheinbares erschaute.

O Nacht, du holdgesinnte,
o Nacht, die holder als das Frührot wachte!
O Nacht, die mich Geminnte
zu dem Geminnten brachte,
die mich Geminnte zum Geminnten machte!

Auf meines Busens Blüte,
die unberührt sich wahrte seinem Neigen,
sank schlummernd der Erglühte;
ich streichelte mein Eigen,
und Zedern kühlten uns mit Fächerzweigen.

Als ich sein Haar durchspielte,
da floß die Luft hernieder von der Zinne;
auf meinen Nacken zielte
ihr heiteres Gerinne
und ließ wegzücken alle meine Sinne.

Ich blieb, mir selbst entschwunden;
mein Angesicht sank nieder zum Begehrten;
ich ließ mich, weltentbunden,

ließ Sorgen, die mich sehrten,
zwischen den Lilien, sorglos, den Gefährten.

(Übertragen von I. Behn: Johannes vom Kreuz, Die Gotteslohe, Einsiedeln 1958, S. 45f.)

Betrachten wir die Bildseite dieses religiösen Gedichts. Wir sehen eine liebende Frau, die nachts durch die Straßen und Stiegen der Stadt wandert – ein Motiv, das auch im Hohen Lied vorkommt –, und die schließlich den Geliebten findet, um mit ihm zusammen in der Zärtlichkeit des Liebesspieles zu verschmelzen. Nun ist aber, noch auf der Bildseite, die nächtliche Wanderung besonders charakterisiert. Die Nacht ist nicht einmal durch Sterne erleuchtet, sie ist total finster. Nichts hat Kontur: Die Stufen sind nicht zu sehen, die Wanderin selbst bleibt unsichtbar, von den begegnenden „Dingen" ist nichts zu sehen. Nichts erleuchtet als der im Herzen glühende Liebesdrang, der aber kein dem Tageslicht irgendwie vergleichbares, erhellendes Licht aussendet. Ja, nicht einmal das „Ziel", auf das die Wanderin so sicher ausgerichtet ist, bietet Möglichkeiten der Beleuchtung, und am Ziel ist „nichts Scheinbares" zu erschauen. Und dennoch ist diese Finsternis Führung: Ihre Wachsamkeit bringt besser als das „Frührot" auf den Weg zum Geliebten.

Eine Wende der Wahrnehmung

Mit der Ankunft und mit der Liebesbegegnung, die in den letzten drei Strophen geschildert wird, ist diese absolute äußere Finsternis des Weges plötzlich aufgehoben: Die Leiber werden sichtbar, die Zedernzweige des Gartens, wo die Begegnung stattfindet, der Raum der Stadt, von Zinnen um-

Zärtliche Mystik

grenzt, durch die die Luft von draußen hereindringt. Die sichtbare Szenerie des Hohen Liedes (vgl. HL 3 u. 6) wird wiederhergestellt und durch ein neutestamentliches Bild ergänzt: die Vereinigung findet „zwischen den Lilien" statt, „Gefährten" der Angstfreiheit und Sorg-Losigkeit der erfüllten Liebe.

Das Gedicht schildert also auf der Bildseite einen totalen Umschlag der sinnlichen Erfahrung, eine Wende der Wahrnehmung: Herrschte vorher die „Nacht der Sinne" zugleich mit der totalen Unsinnlichkeit des inneren Lichtes, so herrscht am Ende die Befreiung der Sinne, ja die Ekstase („wegzücken") der Sinne, zugleich mit der totalen Sinnlichkeit des Lichtes.

Johannes vom Kreuz bezieht in seiner eigenen Erklärung des Gedichtes die „dunkle Nacht" auch aus die „Nacht des Geistes", und dann erschließt er die erste Strophe – und damit verlassen wir die Bildseite – folgendermaßen:

„(Worte der Seele:) In Armut, Verlassenheit, ohne den Halt der gewohnten Wahrnehmungen, nämlich in der Dunkelheit meiner Erkenntniskraft, in der Bedrängnis meines Willens, in der Beengung und Bedrückung meiner Gedächtniskraft, mich dem Dunkel in reinem Glauben überlassend, in meinem Willen von nichts bewegt als von dem schmerzvollen Liebesdrang nach Gott, so entging ich mir selber – das heißt, meiner niedrigen Weise, zu begreifen, und meiner schwachen Art, zu lieben, und meiner kargen Fähigkeit, Gott zu genießen –, ich entging mir ungehindert von Sinnlichkeit und Dämon. Und das war ein seliges Los ... alle Kräfte und Neigungen der Seele, sie alle erneuern sich, kraft dieser Nacht und Läuterung des alten Menschen, mit göttlichen Stimmungen und Entzückungen." (a.a.O. S. 57 f.)

Für Johannes vom Kreuz ist klar, daß es keine Läuterung der Sinnlichkeit ohne Läuterung des Geistes geben kann; das Schlechte und das Falsche in sinnlicher Wahrnehmung haben ihren Sitz im Leben des Geistes, „ihre nährende Wurzel im Geiste" (a. a. O. S. 56). Deshalb entfaltet die „Nacht der Sinne" nicht etwa nach der Wende die „Klarheit des Geistes". Auch hier ist das antike alternative Denken zwischen Leib und Geist christlich überwunden. Die Nacht gilt für den ganzen leibseelischen Menschen, sofern er noch alte Schöpfung ist, und eben darum gilt auch die Schilderung des Lebens nach der Wende dem Geiste, der sich neu im Leib, in der Ekstase der Sinne erfährt. Das Glaubenslicht, das durch die Nacht führt, ist darum auch nicht der Geist, der von innen heraus den Leib führt, sondern die reine Gabe Gottes selbst, eingegossene Hoffnung und Liebe, ortlos und nicht fixierbar in inneren Seelenkräften, solange diese nicht voll davon durchdrungen werden.

Befreiende Leibhaftigkeit religiöser Erfahrung

Wenn also religiöse Erfahrung – Johannes vom Kreuz spricht von „Kontemplation" – ein Ankommen der Ekstase der Sinne in der Nacht der Sinne ist, dann wird gerade in der Sinnlichkeit ihrer Beschreibung ihre Gnadenhaftigkeit und ihre Leibhaftigkeit zugleich verdeutlicht. Sensibilität erspürt den *Sinn* von Gnade besser als Vernunft den *Begriff* der Gnade hervordenken kann. Die Dialektik der Sinne ist der Sache des Glaubens näher als die Dialektik des Geistes. Denn der Geist hebt die Nacht auf, indem er sie als Schatten des Lichtes erkennt. Der Sinn aber trägt wirklich in sich, welchen Weg er gegangen ist. Meister Eckhart macht darauf aufmerksam, daß demjenigen, der lange in die Sonne geschaut hat, alle Dinge, die er danach anschaut, sonnendurchglüht erscheinen müssen. Bei Johannes vom Kreuz erscheint das umgekehrte Bild: die Ekstase der Sinne trägt die Geschichte des weglosen Ganges durch die Nacht der Sinne in sich, und gerade darin erfährt sie, was Sorglosigkeit und Angstfreiheit, „Weltentbundenheit", die aus der nicht durch den Schein des eigenen Lichtes erzwungenen Begegnung stammen, wirklich bedeuten.

„Zärtliche Mystik" – kann Mystik zärtlich sein? Zwei Beispiele zeigten uns: christliche Mystik muß es sein, denn sie hofft auf eine leibhaftige Erfahrung, sie hofft auf eine Erfüllung in der Gestalt der Liebe und sie sieht schließlich keinen Grund, die Erkenntnis zur Alternative der Sinnlichkeit zu machen. Vielleicht ist dies auch der Grund für den poetischen Bilderreichtum der Mystik: die Wahrheit liegt nicht in der Reduktion des Begriffs, sondern in der Fülle des Bildes.

Weil dies so ist, kann sich im Christentum menschliche Liebe in großer Befreiung in den Kontext religiöser Erfahrung stellen. Sie braucht sich vor ihr nicht verkleinern, sie braucht sich von ihr nicht in die Alternative drängen zu lassen. Das Wandern der erotischen Sprache zwischen Himmel und Erde gibt ihrer Zweideutigkeit die Deutlichkeit der christlichen Hoffnung auf die Auferstehung des Leibes.

9. Zärtlichkeit und „Politik"

Zwischen den Polen privater und öffentlicher Bedeutung

Da alles heute in die Spannung der Pole des Privaten und Politischen gerät, nimmt es nicht wunder, daß auch die Zärtlichkeit in diese Spannung gerät. Man kann von vorneherein etwas dagegen einwenden, indem man z. B. sagt: Politik hat es mit der Verantwortung von sozialen Institutionen zu tun; Zärtlichkeit ist keine Institution, sondern ein freies, spontanes, nicht regulierbares Handeln; also hat Zärtlichkeit nichts mit Politik zu tun. Wie kommt man überhaupt darauf, so etwas in Erwägung zu ziehen?

Die Vertreter einer politischen Philosophie und Theologie werden darauf etwa folgendermaßen antworten: Wenn Zärtlichkeit nur im Raum des Privaten verstanden wird, haben wir die falsche Optik, denn das Private ist nichts anderes als die Legitimation bestimmter Formen von Politik durch die Abgrenzung des Unpolitischen. Wenn Politik nur auf das Institutionelle zielt, dann zielt sie nur auf institutionelle Alternativen (z. B. Mehrheitswahlrecht oder Verhältniswahlrecht), aber nicht mehr auf Alternativen *zum* Institutionellen, aus denen die Lösungen politischer Fragen von morgen kommen, die man heute noch nicht erkennt.

Zärtlichkeit und „Politik"

Die Welt wäre anders, würde Zärtlichkeit um sich greifen

Sehen wir uns einmal genau an, zu welchen Konsequenzen eine solche Überlegung führt. Bekanntlich gehen viele davon aus, daß Zärtlichkeit und Aggression, Liebe und Feindschaft Gegensätze sind, die sich ausschließen. Man soll sich der Liebe widmen, nicht dem Kriege. Ohne Zweifel haben solche Einstellungen politische Wirkungen.

Einen anderen Gedanken bringt Kurt Marti auf die Formel: „Zärtlichkeit ist eine Austreiberin von Herrschaftsansprüchen, das ist ihre soziale Brisanz." Hier also schließen sich Zärtlichkeit und Macht gegenseitig aus, sofern Macht als Herrschaft der Menschen über die Menschen und nicht als Dienst der Menschen aneinander verstanden wird. Zärtlichkeit wäre also „an-archisch" (was nicht dasselbe ist wie „chaotisch") und knüpfte an christlich-evangelische Formel an wie „Dienst statt Herrschaft". Ferner: die der Zärtlichkeit eigene Sensibilität erhöht die Fähigkeit des Mitleidens mit dem Leiden anderer Menschen. Sie stört daher die in der Gleichgültigkeit liegende Komplizenschaft mit dem bestehenden Elend der Benachteiligten. Ein Beispiel dafür ist gewiß die fühlende Solidarität mit behinderten Menschen. Wo diese entsteht, hat sie auch Auswirkungen auf Institutionen: Wege für Rollstühle, Widerstand gegen das Aufräumen von geistig Behinderten in gesellschaftsfreie Räume.

Schließlich: in der Zärtlichkeit erfährt der Mensch Befreiung von Ängsten und Sorgen. Sie schmiedet das Glück des einzelnen in der sozialen Beziehung. Sie hält das Pathos der Befriedung des sozialen Daseins hoch. Sie erhöht die Unzufriedenheit mit einer Welt der Konkurrenz. Sie stimuliert die Fantasie, von anderen Welten des Zusammenlebens zu träumen, von einer nicht-resultatorientierten, von einer nicht-konsumistischen Welt zum Beispiel. Würde die

Zärtlichkeit um sich greifen wie eine ansteckende Krankheit, so würde die Welt heiler, weil die Menschen, die sie gestalten, anders werden.

Die mögliche Zweideutigkeit nicht verkennen

Solche Überlegungen sind zum Teil auf eine in der Sache begründete Skepsis gestoßen. Obwohl sie dadurch nicht völlig gegenstandslos werden, muß kurz darauf aufmerksam gemacht werden. Die Verhaltensforschung hat vor allem herausgearbeitet, daß Zärtlichkeit aggressive Elemente nicht nur abstößt, sondern auch einbezieht. Daher geht es hier weniger um Aufhebung als um andere nicht-destruktive, sondern konstruktive Orientierung von aggressivem Verhalten. Wer Zärtlichkeit und Herrschaft als kontradiktorische Gegensätze sieht, verkennt die mögliche Zweideutigkeit der Zärtlichkeit: Auch sie kann sublime Formen von Beherrschung und Bemächtigung aus sich heraus entwickeln, wenn sie sich nicht unter ein anderes ethisches Kriterium stellt bzw. mit diesem ausgleicht, nämlich mit der Gerechtigkeit. Das *Wesen* des Politischen läßt sich zudem nicht von der Kunst, zärtlich zu sein, deuten, sondern von der Kunst, Gleichheit und Freiheit in ein gerechtes Verhältnis zu bringen.

Was das Mitleiden betrifft, so muß man darauf aufmerksam machen, daß es ohne rationale Verantwortung des institutionellen Handelns *allein* noch nichts ausrichtet, und eben diese Verantwortung ist auch erforderlich, wenn es um Befreiung und Befriedung geht.

Wenn wir Zärtlichkeit als Mittel zum „Austreiben" des Bösen in der Politik betrachten, müssen wir stets darauf achten, daß nicht eine Vielfalt von böseren Geistern in die ausgefegte Stube zurückkehren. Sensibilität kann Klugheit nicht ersetzen, und, wenn man Zärtlichkeit als „Tugend" begreift, dann muß man sehen, daß sie diese ethische Qualität erst in der richtigen Verflechtung mit anderen Tugenden erhält. Ich meine also sagen zu können: Zärtlichkeit als Haltung ist politisch nicht zentral, aber damit ist sie noch nicht unpolitisch.

Eine vergessene Kunst, die die Welt vereister Gefühle wieder auftauen könnte

Man wird trotz aller sachlich begründeten Skepsis zugestehen müssen: Zärtlichkeit gehört auch gesellschaftlich zu den vergessenen Künsten unseres Daseins, die unsere Welt der vereisten Gefühle wieder auftauen könnte. In dieser Zustimmung habe ich aber zugleich meinen Einwand formuliert: Das gesellschaftlich und das politisch Relevante sind zu *unterscheiden*, wenn auch u. U. nicht lupenrein zu trennen. Das gesellschaftlich Relevante ist nämlich zwar nicht unpolitisch, aber deshalb macht es noch nicht den Kern des politischen Handelns aus. Deshalb ist der Satz: Zärtlichkeit hat nichts mit Politik zu tun, ebenso falsch wie der Satz: Zärtlichkeit ist politisch. Sie ist eine vorpolitische, gesellschaftlich relevante Größe. Sie ist eine Form der Übersetzung des Privaten ins Öffentliche, ohne deshalb doch ihren privaten, d. h. nicht ins Gesellschaftliche auflösbaren Charakter zu verlieren.

Wer seine Freundin nur noch „politisch" küßt, hat wohl aufgehört, Zärtlichkeit zu üben. Wessen Verhalten zu anderen Menschen nicht von seiner privaten Beziehung und ihrer Zärtlichkeit verändert wird, der hat vermutlich überhaupt nicht angefangen, die Kunst, zärtlich zu sein, zu erlernen. Denn die Kunst, zärtlich zu sein, ist eine der Perspektiven der Kunst, Mensch zu sein, und damit ein Aspekt der Humanisierung unserer alltäglichen Lebenswelt, der in die sozialen Möglichkeiten hineinreicht.

Eine zeitgemäße Unzeitgemäßheit

Warum ist dieser Aspekt der Humanisierung unserer alltäglichen Lebenswelt so sehr am Platz? Weil Zärtlichkeit als Haltung den Rang einer zeitgemäßen Unzeitgemäßheit für sich beanspruchen kann: sie steht im Widerspruch zur Zeit und ist doch an der Zeit. Um jedoch diesen Rang der Zärtlichkeit als Haltung zu klären, müssen wir zwei Voraussetzungen machen. Wir haben zu fragen, was Zärtlichkeit als Haltung über das bestimmte einzelne Handeln hinaus ausmacht, und wir haben zu fragen, was in der Humanität des Menschen dadurch besonders korrigiert bzw. gefördert wird.

Die erste Frage führt gleich in eine Schwierigkeit. Denn Zärtlichkeit hat doch damit zu tun, daß wir einem anderen Menschen gegenüber uns so einstellen bzw. so handeln, daß dieser dadurch in bestimmter Weise aus der Masse der Menschen herausgehoben wird. Zärtlichkeit gegenüber jedermann wäre eine Aufhebung ihrer Bestimmtheit in die allgemeine, und daher auch ein wenig nichtssagende Formel: seid nett zueinander! Selbst wenn wir Zärtlichkeit nicht auf die Spielformen des gegengeschlechtlichen Verhaltens beschränken, es ist eine Form des Handelns „von Angesicht zu Angesicht", vom Dual, nicht vom Plural bestimmt. Diese Bestimmtheit der Zärtlichkeit muß auch erhalten bleiben. Wir haben Zärtlichkeit im Anschluß an Handke als „Gefühl für die Gestalt des anderen" zu begreifen versucht. Nun haben aber unsere Überlegungen über „Orte der Zärtlichkeit" gezeigt, daß der Mensch vielfältige Möglichkeiten hat, seine Beziehungen „dual" zu gestalten. Er kann viele Möglichkeiten der Du-Form seines Handelns am anderen finden, wichtig ist, daß er damit die Einbettung seiner Beziehung in die Zwecke des Gebrauchens anderer Menschen immer wieder relativiert.

Gemeint ist das „Du" und das „Wir"

Zärtlichkeit geht jedoch nicht nur auf das „Du", sie schließt auch das „Wir" ein. Dazu braucht man nur einen Blick in gelungene familiäre Beziehungen zu tun. Das zärtlich geliebte Kind muß kein Einzelkind sein. Das „Du" der Ehepartner muß das Kind nicht ausschließen, im Gegenteil. Seine eigentlich soziale Dimension erreicht das „Gefühl für die Gestalt des anderen" gerade dort, wo eine Gemeinschaft im Netz ihrer Beziehungen die Zärtlichkeit nicht aus-, sondern einschließt. Und so kann Zärtlichkeit durchaus eine Haltung der Humanität sein, die Platz für viele „Gestalten" des anderen Menschen hat und die den ganzen Menschen gerade darin mitschwingen läßt, daß die Vielschichtigkeit seiner Sensibilität in der Vielfalt seiner Beziehungen gebraucht wird.

Die doppelte Grenze

So hat Zärtlichkeit eine doppelte Grenze: die falsche Exklusivität und die falsche Verallgemeinerung, die ausschließliche Nähe und die zu große Distanz. Dies aber zeichnet jede „Tugend" aus, daß sie eine mittlere Bewegung zwischen zwei benennbaren Extremen ist. Die Kunst, zärtlich zu sein, ist hier nicht anders. Sie erfordert eine Sensibilität, die sowohl auf die angemessene Art unauswechselbar als auch auf die angemessene Art offen sein kann. Klugheit und Maß helfen zu dieser nötigen „finesse" der Zärtlichkeit. Es war Pascal, der auf das besondere Verhältnis des „esprit de finesse", des Feinsinnes, zum „esprit du cœur", der Gesinnung des Herzens, hingewiesen hat: „das Herz hat Gründe, die die Vernunft nicht kennt" (Pensées, fr. 229). Dieses berühmte Wort weist zugleich auf die Grenzen hin, die Gesinnung des Herzens mit den Kriterien der Klugheit und des Maßes voll auszuloten. Aber der „Geist des Feinsinns" bestimmt die Ordnung des vielfältigen sozialen Kontaktes. Das Herz mag exklusiv sprechen, und dies gilt sowohl in Sachen der Religion wie in Sachen der Liebe. Aber die Exclusivität des Herzens muß sich mittels des Feinsinnes sozial öffnen können. Sensibilität hört nicht auf, wenn wir den Bereich der Exclusivität des Herzens verlassen. Und sie geht im gesellschaftlichen Bereich nicht sofort in den Bereich der Berechenbarkeit – Pascals „esprit du géometrie" – über. Es wäre schon viel, wenn der unverrechenbare Teil unserer sozialen Entscheidungen auf jener Option für den Menschen beruht, die in der Zärtlichkeit, im „Gefühl für die Gestalt des anderen" enthalten ist.

*Die Kultur des Miteinanderumgehens
als Temperaturmesser der Gesellschaft*

Wir fragten, was Zärtlichkeit als Haltung über das bestimmte einzelne Handeln hinaus ausmacht und gerieten wie von selbst in die Frage hinein, was in der Humanität der Menschen dadurch besonders gefördert wird. Aber was wird korrigiert? Worin liegt die Kontrasterfahrung, die den Ruf nach Zärtlichkeit erzeugt hat? Wir haben schon einiges über die „Kälte der Kultur" gesagt. Der Ruf nach Zärtlichkeit ist ein Versuch, das Abdrängen der Wärme in die öffentliche Schutzzone der privaten Schlafzimmer zu verhindern. Andererseits kann man an Institutionen nicht den Anspruch stellen, daß sie Wärme erwecken. Sozialleistungen ersetzen keine Zärtlichkeit. Das moderne Gesellschaftssystem aber erweckt die Illusion, durch beanspruchbare Systemleistungen auch solche Bedürfnisse zu befriedigen. Auf diese Illusion antwortet ein sozialer, meist jugendlicher Protest gegen Institutionen, die nicht bringen, was sie versprechen. Aber können sie dies bringen? Und sind die sezessionistischen Gegeninstitutionen der autonomen Jugend eine Hilfe? Nur dann, wenn sie beweisen, daß sie mehr „Gefühl für die Gestalt des anderen" aufbringen. Die Kultur des Umgangs ist der Temperaturmesser der Gesellschaft. Deshalb hängt schon einiges daran, daß sie die richtige Mitte zwischen Nähe und Distanz findet. Dies kann nur durch Vergemeinschaftungen in der Gesellschaft geleistet werden, die zugleich Beziehungen stiften und in sachliche Verantwortung einführen. Aber diese lassen sich nicht erzwingen. Wer nimmt die Chance wahr?

10. Zärtlich sein – wie macht man das?

Diese Fragestellung klingt nach Rezepten. Aber Rezepte kann hier keiner geben. Man kann nur Kriterien suchen, nach denen unter angebotenen Verhaltensformen auszuwählen ist.

Nähe und Distanz

Ein solches Kriterium ist die Mitte zwischen einer Nähe, die sich der Gestalt des anderen zu bemächtigen versucht und ihn in vermeintlicher „Zärtlichkeit" erstickt, und einer Distanz, die den anderen nur versachlicht und vergleichgültigt. Zärtlichkeit muß den anderen in sich selbst lassen können, die Sendezeichen seiner Autonomie empfangen, Freiheit nicht nehmen, sondern geben. Andererseits darf sie nicht die Frage verpassen: Wer ist mir anvertraut, wem bin ich Nächster, wem könnte ich eine Chance sein? Eine Situation, in der solche Sensibilität gefordert ist, ist der Umgang mit kranken Menschen. Er muß die Grenze fürsorglicher Betreuung an den Möglichkeiten der Selbstverantwortung des Betroffenen erkennen, und er muß doch dasein, wenn er gebraucht wird.

Zärtlichkeit erfordert eine Art zwischenmenschliches Subsidiaritätsprinzip, aber eines, das von gleichrangigen Partnern ausgeht und nicht, wie dies in der Gesellschaft oft geschieht, zum paternalistischen Zugeständnis verkommt. Dieses Subsidiaritätsprinzip hilft auch dazu, daß Sensibilität nicht zur Gemütserweichung abgleitet. Das „Gefühl für die Gestalt des anderen" verlangt unter Umständen eine scheinbare Härte gegen dessen Anspruch, die sich aber letztlich nicht als Härte gegen ihn, sondern gegen einen selbst erweist. Die Selbstverwirklichung des anderen ist oft unbequem, deshalb verhindern wir sie, indem wir ihn sublim entmündigen. Über Generationen hinweg haben Männer und Frauen in der Ehe nach dieser Strategie gehandelt. So konnten die „Frau am Steuer" und der „Mann am Herd" zu Witzfiguren werden.

Zur Person stehen und in der Sache unabhängig bleiben

Ein *anderes* Kriterium ist die Mitte zwischen der Erwählung und Erhöhung des anderen einerseits und der Notwendigkeit, ihm gerecht zu werden, andererseits. Indem wir uns dem anderen in besonderer Weise zuwenden, sagen wir: Du bist einzig. Indem wir den anderen aus allen herausheben, sagen wir: für dich gibt es keine Entsprechung in einem Wert, du bist unvergleichlich. Und doch haben wir, indem wir dies alles sagen, ihm weder in allem recht gegeben, noch ihm zugesagt, daß wir in jeder Situation zu seiner Sache stehen. Denn wir stehen zu seiner Person. In einer Freundschaft heißt dies zum Beispiel, daß Sensibilität dieser besonderern Solidarität beides erfordert: zur Person zu stehen und in der Sache unabhängig zu bleiben. Den Freund stellt man nicht bloß, aber man enthebt ihn auch nicht der Kritik, im Gegenteil: Persönliches Zueinanderstehen erwirkt das Vorrecht der Kritik. Mancher lernt in der Ehe, daß Kritik zur Zärtlichkeit gehört. Und wenn er es nicht lernt, ist es um seine eigene Sensibilität schlecht bestellt. Freilich gibt es auch in der Form dieses Vorrechtes der Kritik eine

Einschränkung: Aufrichtigkeit und Freimut dürfen nicht zu vorgeschobenen Gründen für lieblose Herabsetzung werden. In unseren Beziehungen ist die Legitimität des aufrichtigen Wortes von D. Bonhoeffers drei Fragen bestimmt:

„Wie wird mein Wort wahr?
1. Indem ich erkenne, wer mich zum Sprechen veranlaßt und was mich zum Sprechen berechtigt.
2. Indem ich den Ort erkenne, an dem ich stehe.
3. Indem ich den Gegenstand, über den ich etwas aussage, in diesen Zusammenhang stelle." (Ethik, hg. v. E. Bethge, München [8]1975, 393)

Solche Kriterien gehören auch zur Sensibilität unserer Beziehungen, ganz abgesehen von ihrer allgemeinen Bedeutung für die Wahrhaftigkeit.

Die Mitte finden zwischen Ernst und Spiel

Ein *drittes* Kriterium ist die Mitte zwischen Ernst und Spiel, zwischen Schwere und Leichtigkeit. Zärtlichkeit berührt nicht immer das volle Schwergewicht der Liebe zwischen den Menschen: sie entfaltet den Spielcharakter der Liebe. Noch bis in die mystischen Texte hinein konnten wir wahrnehmen, wie noch die geistlichste Liebe die Zärtlichkeit als Spiel enthält. Zärtlichkeit ist nicht primär im Sturm der Leidenschaft, obwohl dieser sie nicht ausreißen muß, sondern sich an der Biegung des Grashalms besänftigt. Zärtlichkeit ist aber auch nicht einfach Plaisanterie und Spielerei. Wird sie zu leicht gewogen, dann erreicht sie nicht die Qualität des Gefühles für die Gestalt des anderen. Sie nimmt dem Spiel den ihm eigenen Ernst, der z. B. für das künstlerische Spiel so wichtig ist. Paul Klee, einer der spielerischsten Maler, hat darauf aufmerksam gemacht. Wir wissen auch sonst, daß wir kein Spiel genießen, das rein akademisch bleibt oder keinen Einsatz zeitigt.

Die schweratmige Leistungssexualität ist der Zärtlichkeit zwischen Liebenden ebenso feindlich wie die frigide Selbstbestätigung durch Attitüden des Dauer-Flirts mit allem und jedem. Die Mitte zwischen Ernst und Spiel ist freilich bei den Menschen verschieden. Sie in einer Beziehung zu finden, setzt daher Abstimmung und Lernbereitschaft voraus. So kann Zärtlichkeit zur Feinabstimmung zwischen Personen in Zeit und Raum werden.

Die Balance von Gespanntheit und Ruhe

Als *viertes* Kriterium möchte ich die Mitte zwischen meditativer Ruhe und schöpferischer Tat nennen. Zärtlichkeit verträgt sich nicht mit Aktivismus, aber auch nicht mit phlegmatischer Passivität. Sie entfaltet sich als Kunst der Balance zwischen Entspannung und Gespanntheit. Sie gleicht der Kunst des Bogenschießens, wie sie als Zen-Übung verwendet wird. Sie geht zugleich mit dem Rhythmus der Zeit, der Lebensalter. Sie verträgt Aufmerksamkeit für die Wandlungen von Zeit und Raum. Sie mit einer Zeit, mit einem Raum gleichzusetzen, ist falsch. So etwas gliche den sexistischen Auslösereffekten in amerikanischen Kriminalromanen: „man bringt sich in Stimmung". Die Technisierung einiger weniger, recht ärmlicher Zärtlichkeitsformen durch die Werbung zerstört sowohl Meditation wie Spontaneität.

Vertrauensvolle Gelöstheit, bis ins Scheitern hinein

Ein *fünftes* Kriterium: Zärtlichkeit im Vollzug steht zwischen Größe und Elend der menschlichen Natur. Der Mensch kann seinen Sinnen Geist geben, und Zärtlichkeit ist eine der Leibformen des menschlichen Geistes. Die Größe der menschlichen Natur in der Schöpfung kommt darin zum Ausdruck. Noch größer erscheint diese Möglichkeit, wenn die „neue Schöpfung" (2 Kor 5, 17) darin als Möglichkeit erscheint, wenn also die religiöse Erfahrung der Hoffnung auf leibliche Auferstehung sich in der Zärtlichkeit bildlich manifestiert. Doch über der Größe dieser Möglichkeiten darf man das Scheitern nicht vergessen. Auch die Zärtlichkeit des Menschen steht im Zeichen seiner Geschöpflichkeit, d. h. seiner großen Möglichkeit, Gottes zu bedürfen, und seiner Unmöglichkeit, Gott zu ersetzen. Scheitern ist Ausdruck der Begrenzung, der Einschränkung, der Kontingenz. Es ist auch Ausdruck einer falschen Hoffnung, der Illusion, die stets Teil der Sünde ist. Darum muß Zärtlichkeit die Mitte zwischen Resignation und Illusion finden. Resignation liegt in der skeptischen Trägheit, die keine Möglichkeit angstfreier und vertrauensvoller Beziehungen zwischen den Menschen sehen kann und sich vom Scheitern ernährt. Illusion, hinsichtlich der Zärtlichkeit heute gewiß unsere größere Gefahr, setzt die Hoffnung auf Befreiung auf die menschlichen Beziehungen als Glücksschmiede. Den menschlichen Beziehungen wird zugemutet, das Glück der an ihnen beteiligten einzelnen herstellbar zu machen. Davon leben einige Humanwissenschaften, die sich mit menschlichen Beziehungen beschäftigen, davon leben teilweise die Systeme der Beziehungsberatungen. Es ist nichts dagegen zu sagen (im Gegenteil!), daß sie dem Menschen helfen wollen, seine Probleme zu lösen. Aber die

Hoffnung auf wirkliche und haltbare Lösungen ist nicht auf Techniken zu setzen, sondern sie setzt die vertrauensvolle Gelöstheit, die bis ins Scheitern hineinreichen kann, bereits voraus.

Wer also Zärtlichkeit will, muß mit dem Scheitern rechnen. Er überspringt sonst die Wirklichkeit zur Illusion. Ich glaube, wer die uns gesetzten Grenzen, den andern vollwertig in seiner Gestalt zu erfühlen und zu fördern, wahrnehmen kann, der wird auch mehr von der Vorwegnahme des Glücks im Augenblick erfahren. „Genuß ohne Tod", sagt Mechthild von Magdeburg, „kann (die Seele) nie genug beklagen". Die Todesgrenze, das Grundzeichen unserer begrenzten Wirklichkeit, gibt unserem Erleben gelingender Zärtlichkeit die Tiefe; auf der anderen Seite gibt sie unserer Hoffnung auf das Bild der Zärtlichkeit im Menschen den Kontrast. Zärtlichkeit empfinden kann eigentlich nur, wer mitten im Leben den Tod empfindet: im Schmerz, im Mißlingen, im Scheitern. Zärtlichkeit empfinden kann aber eigentlich auch nur der, der mitten in den vielerlei Vorboten des Todes die Hoffnung mitempfindet, daß leibhaftige Erfahrung durch eine Verwandlung hindurch in einer endgültigen neuen Leiberfahrung enden wird. Damit soll freilich nicht gesagt werden, daß Zärtlichkeit den Glauben voraussetzt, sondern nur, daß sie in ihm gesteigert wird. Für Christen wird die Ehe zum eigentlichen Ort dieser Erfahrung. Denn sie verbindet Zärtlichkeit mit Treue, d. h. mit Bejahung des anderen auf die Dauer seiner Geschichte. Dazu sagt die Würzburger Synode:

„Die unbedingte Annahme des anderen Menschen wird existentielle Wirklichkeit in der Treue. Durch sie ist der innerste Wille der Liebe dem Wechsel der Gefühle und der Willkür entzogen. In der Treue gewinnt die Liebe Dauer. . . .

Die Mitte suchen zwischen Vergeistigung und Verleiblichung

Diese Liebe in Treue ist vor allem dem möglich, der in der Tiefe seiner Person hoffen kann, daß er selbst wie auch der andere nicht im Tod dem Nichts anheimfallen. Darum lebt solche Liebe immer – selbst wenn sie es nicht weiß – aus der Hoffnung auf Gott. Treue ist eine Frucht der Hoffnung und bringt auch in das Dasein des anderen Menschen die Möglichkeit zur Hoffnung. Für Christen heißt das: In der Bindung bis in den Tod bringt ein Ehegatte die Liebe Christi, von der nichts scheiden kann (Röm 8, 35), in die alltägliche Nähe des Ehepartners. In solcher ein ganzes Leben umspannender Treue zeigt sich die Fülle christlicher Existenz: der Glaube an den Auferstandenen, welcher den Glauben an die Auferweckung des Ehepartners einschließt; die Hoffnung, welche für den anderen hofft, indem sie auf Christus setzt; die Liebe, die am anderen festhält, weil sie ihn in Christi Liebe zu bejahen vermag." (Christlich gelebte Ehe und Familie, Nr. 1.2.2; in: Gemeinsame Synode der Bistümer in der Bundesrepublik Deutschland, Bd. 1, Freiburg i. Br. ⁴1980)

Das Sakrament der Treue ist das Zeichen der Hoffnung, auch für die Zärtlichkeit. Das heißt nicht, daß sie nur unter diesem Vorzeichen erfahrbar wäre, aber sie ist unter diesem Vorzeichen geborgen, „selbst wenn sie es nicht weiß".

Zärtlichkeit ist der Leib des Geistes der Liebe

Noch ein letztes und *sechstes* Kriterium für die Auswahl von Verhaltensformen sei genannt: Zärtlichkeit muß die Mitte suchen zwischen Vergeistigung und Verleiblichung, zwischen Sublimierung und Sensualität. Zärtlichkeit ist der Leib des Geistes der Liebe: sie gibt dem Leibe die Seele und der Sinnlichkeit den Sinn. Die Dialektik der Liebe ist auch die Dialektik der Zärtlichkeit; so ist diese in der Liebe auf Hoffnung hin letztlich am besten geborgen.

Zärtlichkeit und Liebe: Das ist untrennbar und dennoch unterscheidbar. Denn Zärtlichkeit ist zugleich Vorfeld und Verlebendigung der Liebe. Sie ist die Liebe zum Lebendigen, von der das Leben der Liebe ausgeht; sie ist die Lebendigkeit in der Liebe, zu der diese hinführt. Darum verlangt Zärtlichkeit, das Lebendige zu lieben, die Haltung der Biophilie, von der Erich Fromm spricht, was nichts anderes ist als die Liebe zum Leben, die Albert Schweitzer zum Grundsatz seines Ethos gemacht hat. Aber jede Biophilie, die das beschädigte Leben annimmt, bedarf wiederum der Hoffnung auf das unbeschädigte Leben. Von dieser, für Christen die Hoffnung auf Auferstehung, geht die Verlebendigung des Daseins aus. In einer Zeit, in der die Neigung verbreitet ist, den Besitz der toten Dinge als Ausgleich für das Leben zu akzeptieren, tut diese Verlebendigung not.

Zärtlichkeit – wie macht man das? Wir haben keine Antwort auf diese Frage gegeben, die in bestimmten Verhaltensformen nachgewiesen werden könnte. Wir haben also kein Verhalten beschrieben oder vorgeschrieben. Aber prüfen wir die Rezepte des Verhaltens, wie sie diesen Kriterien standhalten!

Literatur zum Thema:

F. v. Baader, Sätze aus der erotischen Philosophie, hg. v. G. K. Kaltenbrunner (Frankfurt a. M. 1966)
H. U. v. Balthasar, Mechthilds kirchlicher Auftrag, in: Mechthild von Magdeburg (s. u.) 19–46
F. W. Bollnow, Neue Geborgenheit. Das Problem einer Überwindung des Existenzialismus (Stuttgart ²1972)
J. Bopp, Wir machen es jetzt. Zur Moral der Jugendlichen, in: Kursbuch 60 (1980) 23–42
J. Brantschen, Gott ist größer als unser Herz (Freiburg i. Br. ²1981)
E. Fromm, Die Kunst des Liebens (Frankfurt a. M. – Berlin – Wien 1972)
H. Gollwitzer, Das Hohelied der Liebe (München 1978)
A. Greeley, Erotische Kultur (Graz – Wien – Köln 1977)
A. Greeley, Sexualität. Fantasie und Festlichkeit (Graz – Wien – Köln 1978)
H. Haag, Du hast mich verzaubert (Zürich – Köln 1980)
A. Haas, Mechthild von Magdeburg, Dichtung und Mystik, in: *ders.* Sermo mysticus (Freiburg/Schw. 1979) 67–103
P. Handke, Das Gewicht der Welt, ein Journal (Salzburg 1977)
P. Handke, Kindergeschichte (Frankfurt a. M. 1981)
P. Handke, Über die Dörfer (Frankfurt a. M. 1981)
K. Hock, Lob der kleinen Zärtlichkeiten, in: *ders.,* Von der Herrlichkeit zu leben (Freiburg i. Br. 1982)
H. Kunz, Die Aggressivität und die Zärtlichkeit (Bern 1946)
T. Lemaire, Die Zärtlichkeit. Gedanken über die Liebe (Düsseldorf 1975)
E. Marsch, (Hg.), Moderne deutsche Naturlyrik (Stuttgart 1980)
K. Marti, Zärtlichkeit und Schmerz (Darmstadt – Neuwied 1979)
Mechthild von Magdeburg, Das fließende Licht der Gottheit, eingeführt von Margot Schmidt, mit einer Studie von *H. Urs von Balthasar* (Einsiedeln – Zürich – Köln 1955)
J. Pieper, Über die Liebe (München 1974)

W. Schubart, Religion und Eros (München 1966)
B. Strauß, Rumor (München – Wien 1980)
E. Strauß, Vom Sinn der Sinne (Berlin 1935)
M. Walser, Das fliehende Pferd (Frankfurt a. M. 1978)
B. Welte, Dialektik der Liebe (Frankfurt a. M. 1973)
Zärtlichkeit – Almanach für Literatur und Theologie, Bd. 10 (Wuppertal 1976)